Harold Bloom
y el **canon literario**

CARLOS GAMERRO

campo de *ż*deas

HAROLD BLOOM Y EL CANON LITERARIO

© Campo de Ideas, SL, Madrid, 2003

Directores de la serie Intelectuales:
J. C. Kreimer, M. J. Stuart
intelectuales@ciudad.com.ar

Investigación y texto: Carlos Gamerro
Corrección: Taller de Publicaciones, SLL, Madrid.
Diseño gráfico: Txt

Campo de Ideas SL,
Calle Alquimia. 6
28933 Móstoles (Madrid) - España
Tel.: 91 617 98 67
E-mail: editorial @alfaomega.es

Primera edición: abril 2003
Depósito Legal: M. 17.061-2003
I.S.B.N.: 84-96089-06-1
Impreso en España por Artes Gráficas Cofás, S.A.

Índice

La relación solitaria entre un hombre y algunos libros

Un niño del Bronx

Harold Bloom nació el 11 de julio de 1930 en el barrio neoyorquino del Bronx. Hijo de judíos ortodoxos provenientes de Rusia que nunca aprendieron a leer en inglés, se inició a los siete u ocho años en la lectura de literatura en lengua inglesa en la Biblioteca Pública de Nueva York. Comenzó por la poesía de Hart Crane, a la que luego siguió la de T. S. Eliot, W. H. Auden y William Blake, cuyos poemas más largos memorizaba. De Blake pasó a Milton y de Milton a Shakespeare, remontando hacia la fuente el camino de las influencias literarias que luego dedicaría su vida a exponer.

Tras impactar a sus profesores con su genio y su prodigiosa capacidad de lectura, Bloom se graduó en la Universidad de Cornell en 1951. Siguió sus estudios de posgrado en Yale, por consejo de su tutor en Cornell, el prestigioso M. H. Abrahams, autor de *El espejo y la lámpara* y una de las máximas autoridades en poesía romántica, que le sugirió cambiar de universidad pues «ya nada tenían que enseñarle». Cuatro años después se doctoró con las mejores calificaciones y se unió al departamento de inglés de Yale, New Haven, donde en la actualidad continúa enseñando. Allí conoció también a su esposa, Jeanne, con la que tuvo dos hijos.

El *New Criticism* dominaba en los años 50 y 60 en Yale como en la mayoría de las universidades estadounidenses. Era una escuela académica inspirada en los escritos críticos de T. S. Eliot, que desplazaba la tradición romántica a un segundo plano. Harold Bloom se opuso decididamente a esa tendencia e hizo de la poesía romántica inglesa su punto de partida; primero de la literatura inglesa y más adelante de la mundial. Este aislamiento crítico tenía, además, su faceta social: el *New Criticism* era también una escuela crítica conservadora, tradicionalista y muy *WASP* —siglas de «White Anglo-Saxon Protestant» («protestante anglosajón blanco»), que definen a la «auténtica» clase dominante estadounidense—. Bloom, un judío del Bronx, «y además de clase baja», como él mismo confiesa, debe luchar para hacerse un lugar en el circuito de las universidades del Ivy League, y ese lugar sólo puede ser individual, nunca dentro de un grupo o camarilla. Tras coquetear en los setenta con la escuela deconstructivista de Yale, de la que Bloom abjuraría más tarde, su orgullosa soledad se consolida en 1977, cuando se separa del departamento de inglés y se convierte en el único profesor de Humanidades de Yale, un «departamento» de un solo miembro. En la actualidad, su cerrada oposición a lo que denomina la «escuela del resentimiento» (en sus propias palabras: «feministas, marxistas, lacanianos, nuevos historicistas [foucaultia-nos], deconstruccionistas y semióticos») lo vuelve a colocar en su posición favorita: la heroica actitud del que sigue luchando «solo contra todos».

Motivos académicos y motivos personales. La enfermedad crónica de uno de sus hijos y la carga financiera que suponía obligaron a Bloom a buscar nuevas fórmulas para obtener recursos económicos. Desde 1984 es el director de la Chelsea House Library, una editorial que prácticamente fundó. Chelsea House publica recopilaciones de ensayos de crítica literaria precedidos por prefacios del propio Bloom; hasta la fecha ha publicado cerca de 500 títulos. Desde 1988 agrega a su cargo de Yale el de profesor de inglés en la Universidad de Nueva York. Pero fue hacia comienzos de la década de 1990 cuando la necesidad de ganar dinero suficiente para asegurar no sólo el presente sino el futuro de su hijo le dio el estímulo necesario para plantearse una nueva etapa en su carrera y comenzó a escribir para un público masivo; surgió el raro fenómeno de Bloom superestrella, un crítico literario en boca de todos los lectores, y no sólo de los especialistas.

Este cambio se aprecia sobre todo a partir de *El libro de J* (1990). En palabras del propio Bloom en una reciente entrevista:

«*Me fui dando cuenta de que —aunque tengo la intención de seguir enseñando en Yale y en la Universidad de Nueva York hasta el día de mi muerte— ya no tenía nada en común con mis colegas de la academia, y de que me estaba haciendo falta un nuevo público. Descubrí que había llegado la hora de hablar el lenguaje común, y tuve que volver a aprender cómo escribir crítica; el cambio se advierte sobre todo a partir de* El libro de J. *Desde entonces, cuando escribo no miro más hacia la universidad, sino que me dirijo al lector común, y no sólo el del mundo angloparlante sino del mundo en general. No hablaría de estrellato crítico, un concepto que, lamentablemente, también pertenece al pasado, pero he encontrado un público muy amplio en muchos países. También me he encontrado a mí mismo, y he dado nueva forma a mi vocación. Lo que aprendí fue, en última instancia, a escribir como hablo, como hablo en clase, como hablo con mis amigos. Me he convertido en una especie de crítico vernáculo»* [1].

Los nuevos proyectos. En la misma entrevista, Bloom habla de sus proyectos más actuales: *«He terminado un vasto libro, que se supone será mi magnum opus 2, llamado* Genius: a Mosaic of One Hundred Exemplary Creative Minds [2] *("El genio: un mosaico de cien mentes creativas ejemplares"), que incluye escritores de todas las latitudes. También he firmado un contrato para escribir otro libro, que no he comenzado aún, que se llamará* Reaching Wisdom *(Alcanzando la sabiduría), una reflexión personal sobre la utilidad que pueda tener el estudio de la literatura en aprender a vivir la propia vida, y que se supone será mi último libro. Porque me ha pasado algo muy extraño. [...] Aquí estoy, a los setenta y un años*

---

1 Entrevista publicada en el periódico *Clarín*, Buenos Aires, Argentina, 13 de abril de 2002.

2 *Genius: A Mosaic of One Hundred Exemplary Creative Minds* fue publicado por Warner Books en octubre de 2002.

de edad, y —quizá debido al impacto de haber enseñado Shakespeare durante casi treinta años— me encuentro, para mi inmensa sorpresa, escribiendo una obra de teatro, en prosa y en tres actos, que tiene un título tomado del poema «El puente», de Hart Crane: And We Have Seen Night Lifted in Thine Arms (Hemos visto la noche sostenida en tus brazos)*, que alude a una Pietá, y transcurre en la ciudad de Nueva York las noches del 11, 12 y 13 de septiembre de 2001. Mi esposa y yo estábamos ahí cuando sucedió, vivimos apenas a un kilómetro y medio del epicentro de la catástrofe, y aunque la obra no tratara específicamente sobre la destrucción del World Trade Center, ése será el punto de partida y el telón de fondo de su intensa acción dramática. No creo estar al comienzo de una nueva carrera, no puedo a mi edad abrigar semejantes ilusiones, pero me resulta sorprendente, y fascinante, que algo así me haya sucedido.»*

Harold Bloom ha recibido las Guggenheim y MacArthur Foundation Fellowships y la Medalla de Oro de la crítica de la American Academy of Arts and Letters.

De la academia al gran mercado

Dos etapas. La carrera de Harold Bloom se divide así en dos etapas claramente diferenciadas: la «académica», de 1959 a 1989 aproximadamente, y la «popular» a partir de entonces, caracterizada por su acceso al mercado editorial de grandes ventas. De la primera, su obra más representativa es sin duda *La angustia de las influencias,* concepto que se ha convertido en moneda corriente de la crítica moderna, hasta el punto de que quien hoy quiera hablar sobre el tema lo hará, sea consciente de ello o no, usando los términos y aplicando los conceptos desarrollados por Bloom, y por ello éste será el punto de partida del presente estudio. En la segunda etapa de su carrera Bloom se dedica también a los textos religiosos, y por ello *El libro de J,* su contribución más reconocida, será el tema del tercer capítulo. El interés de Bloom por la religión *per se* le lleva a escribir además *La religión americana,* una profecía sobre la fusión de distintas corrientes religiosas de una forma poscristiana de religión auténticamente [norte]americana, y *Presagios del milenio,* un estudio sobre el surgimiento de formas de religiosidad popular (o más bien masivas) comúnmente agrupadas bajo el rótulo *New Age,* que Bloom ve como formas degradadas o bastardeadas de las creencias gnósticas del cristianismo y judaísmo de principios de la era cristiana. Esta etapa coincide también con el agravamiento de su polémica contra la «escuela del resentimiento»; el capítulo 4 está dedicado a examinar este enfrentamiento. De las dos obras más conocidas de esta etapa, la primera, el monumental *El canon occidental,* ocupa el capítulo 5; el capítulo 6 está dedicado a un análisis más detallado de tres autores canónicos: Shakespeare, Freud y Joyce. *Shakespeare: la invención de lo humano* es la otra gran obra que Bloom escribe en esta etapa, y a su análisis hemos dedicado el último capítulo, el séptimo.

Harold Bloom es para algunos un dinosaurio, defensor de nociones arcaicas y conservadoras sobre la literatura: la lectura solitaria, la genialidad y la grandeza de los grandes autores, la irrelevancia de consideraciones políticas, ideológicas o sociales a la hora de leer, la centralidad de los *dead white males* (varones blancos y muertos) en la literatura occidental e incluso mundial. Para otros, es el último humanista clásico: un representante de cinco siglos de cultura escrita que han hecho de la erudición y la lectura (entendida en última instancia como la relación solitaria entre un hombre y un libro) la piedra fundamental del edificio de la cultura occidental.

Lo que resulta incuestionable es que Harold Bloom es uno de los pocos críticos que han logrado salirse del estrecho mundo de la especialización académica y alcanzar una posición de masivo estrellato. Esto le ha llevado a convertirse en el adalid y guía de los «lectores comunes», aquellos anónimos y silenciosos amantes de la literatura que no han perdido la esperanza de que la crítica literaria los vuelva a tener en cuenta, ayudándoles a saber qué y cómo leer.

La crítica académica del siglo XX ha estado en general dominada por los especialistas, ganando en profundidad y especificidad y perdiendo en globalidad y alcance. Los críticos no se atreven a hablar ya de «toda la literatura.» Así, al menos, en la crítica académica la figura del humanista clásico (que va de Aristóteles a Samuel Johnson) ha ido perdiendo vigencia. En el siglo XX quienes se arriesgaron a la «irresponsabilidad» de leer la literatura occidental como una totalidad organizada fueron en general, salvo contadas excepciones como las de Arnold Hauser o Erich Auerbach, escritores: T. S. Eliot, Jean-Paul Sartre, Jorge Luis Borges, Italo Calvino, Vladímir Nabokov. Harold Bloom, sobre todo en lo que hemos llamado su segunda etapa, intenta desarrollar esta línea de lectura más abarcadora, y defenderla de sus detractores.

Quizá, cuando el polvo de la polémica se haya asentado, habrá dos nociones fundamentales de la crítica literaria que los años venideros asociarán al nombre de Harold Bloom: la noción de angustia de las influencias y la noción del canon occidental. A ellas estará dedicado, entonces, en lo sustancial, este estudio.

CAPÍTULO 1
La angustia de las influencias

El escritor como duelista

Efebos y precursores. «Los buenos escritores sólo compiten con los muertos», dijo alguna vez Ernest Hemingway, y es posible contemplar la historia de la literatura como una serie de duelos entre los muertos o grandes precursores, por un lado, y sus grandes seguidores o «efebos», como los denomina Bloom, por otro. Si tomamos como punto de partida al Gran Original de la cultura occidental, Homero —sus precursores nos son desconocidos, y toda la cultura griega le otorga el lugar de padre fundador—, veremos cómo las siguientes grandes etapas de la literatura occidental se definen por el intento de medirse con él: el poema que encarna el ideal de la cultura romana, la *Eneida,* es una indudable continuación de los poemas homéricos: Virgilio vuelve a contar la historia de la caída de Troya, ahora en latín y desde el punto de vista de los vencidos troyanos; y el poema que cierra y contiene la siguiente etapa cultural, el medievo europeo, es *La divina comedia,* de Dante. En ella, el propio Virgilio se convierte en un personaje que guía al autor a través del Infierno y el Purgatorio. Cuando Dante está a punto de llegar al Paraíso, Virgilio le abandona. El hecho admite una lectura teológica (Virgilio, como pagano, no tiene acceso al Paraíso) y también una lectura estética: llegado a este punto, Dante ha aprendido todo lo que su maestro tenía que enseñarle; a partir de ahí lo superará.

Shakespeare es el gran original de la literatura inglesa. Su precursor inmediato, Marlowe, era un dramaturgo de menor peso, que apenas representaba una amenaza para un Shakespeare principiante e inexperto. Pero aun así es evidente que el joven Shakespeare debió abrirse paso como dramaturgo desafiando y venciendo a Marlowe a través de una serie de obras puntuales: el fragor de *Enrique VI* trata de ahogar al de *Tamerlán; Tito Andrónico* es un intento de superar los horrores de *El judío de Malta; Ricardo II* es una vuelta de tuerca sobre *Eduardo II,* e incluso en la muy tardía *La tempestad* el diálogo —y la disputa— con el *Fausto* de Marlowe son evidentes. Aun así, para Shakespeare, en lo sustancial, la angustia de las influencias no pasa de ser una enfermedad infantil de la que pronto se cura.

Harold Bloom utiliza el término «poeta» para referirse a los escritores en general, y el término «poema» para referirse a cualquier texto literario, y llega a hablar de la obra de Nietzsche y Freud como «poemas». En lo sucesivo usaremos estos términos de la misma forma.

La angustia de las influencias se vuelve un factor decisivo, antes y después del Renacimiento, cuando el sucesor —el poeta tardío o rezagado— se encuentra con un precursor al que sabe que nunca podrá superar. En el caso de la literatura inglesa afectará a todos los escritores posteriores a Shakespeare, de Milton en adelante.

Hasta el Renacimiento, señala Bloom, la influencia se recibe como un don más que como una pesada carga. El efebo ve a su precursor no como un enemigo, sino como un padre benéfico que le enseña todo lo necesario y luego le deja vivir su vida literaria, respetando su identidad e independencia. Pero a partir de esa época cada literatura va fijando su gran figura: Dante en Italia, Shakespeare en Inglaterra, Cervantes en España, Goethe en Alemania... A partir de ellos, «la angustia de las influencias» se convierte en el factor dominante de la historia literaria occidental. Bloom, lejos de definir esta historia con sucesivas constelaciones de autores mayores y menores, la reduce a una sucesión de grandes duelos entre pesos pesados: Milton contra Shakespeare, Wordsworth contra Milton, Keats y Shelley contra Wordsworth, Yeats contra Blake y Shelley...

Lazos de familia en la literatura

De padres e hijos. Bloom considera que la influencia literaria está basada en la relación padre/hijo. El precursor es el padre, el efebo el hijo. Un hijo recibe de su padre la vida, la educación, la formación de su carácter. Pero hay un punto en el que el hijo debe independizarse, tomar las riendas de su destino, dotarse de una identidad propia. Si no lo hace, corre el peor de los riesgos: no existir como individuo, ser apenas una sombra, un pálido reflejo de su padre. La alternativa de no tener padre, o tener un padre débil, es peor aún: como la identidad del hijo se construye sobre (y contra) la del padre, el padre fuerte ofrece las mayores garantías de legar su fuerza al hijo. Pero el riesgo, en este caso, consiste en que esa misma fuerza lo abrume y anule.

La fantasía de derrotar al padre es por definición irrealizable: el padre siempre es más fuerte. Si el hijo pudiera derrotar al padre estaría destruyendo la fuente y sentido de su propia fuerza. El padre *ha llegado antes,* su preeminencia no pertenece al orden del valor, sino al orden del ser.

Este dilema conduce al escritor a una serie de fantasías compensatorias. Una de ellas es la de originalidad, o en otras palabras, la de orfandad. La orfandad es inalcanzable: en el mejor de los casos, lo que el escritor puede «alcanzar» es el desconocimiento o la negación de sus orígenes literarios: esto, en lugar de darle fuerza, indefectiblemente lo debilita.

La otra fantasía es la de ser él mismo el engendrador de su propio padre. Esta noción es más compleja y dilucidarla requiere una exposición de las fuentes del propio Bloom: el *Ulises,* de James Joyce, y el ensayo «Kafka y sus precursores», de Jorge Luis Borges.

Engendrar el pasado. En el capítulo 9 del *Ulises* el personaje Stephen Dedalus, *álter ego* de Joyce, traza una analogía entre la creación divina (del mundo por Dios), la creación paterna (del hijo por el padre) y la creación literaria (de la obra por el autor). La relación madre-hijo está dada por la naturaleza: es una relación de causa y efecto sujeta a la sucesión temporal. La relación padre-hijo, en cambio, no corresponde al orden de lo real, sino al orden de lo simbólico: está establecida por la ley y el lenguaje. En cada generación, quien asume el rol de padre es no sólo padre de las generaciones que vendrán, sino también padre de las generaciones que lo precedieron, padre entonces de su propio padre, su abuelo, etc. La autoridad del padre de familia es como la del papa, o santo padre. Éste rige no sólo el presente sino el pasado de la Iglesia: puede, por ejemplo, canonizar a papas o sacerdotes de tiempos pretéritos. De manera análoga, el gran escritor de cada generación define no sólo la literatura que vendrá, sino la literatura que lo ha precedido. *El Quijote* de Cervantes, por ejemplo, modifica nuestra concepción de la literatura española que lo precede: después de leer *El Quijote* es imposible leer las novelas de caballerías como el *Amadís de Gaula* sin verlas como ironías o parodias. La lectura de *El Quijote* también modifica nuestra apreciación de novelas picarescas como *El lazarillo de Tormes,* que adquieren cierto carácter heroico, mientras que novelas pastoriles como *Diana,* de Montemayor, se vuelven artificiosas, casi ilegibles.

Un hijo-efebo que consigue modificar para siempre nuestra manera de leer a su padre-precursor se convierte de alguna manera en creador de su precursor, en padre de su padre.

Crear al precursor. De esto trata el texto «Kafka y sus precursores», de Borges. Éste enumera una serie de obras y autores que hoy nos resultan «kafkianos»: Zenón y su paradoja contra el movimiento, un texto sobre los unicornios debido a un apólogo de un prosista chino del siglo IX, dos parábolas religiosas del filósofo danés Kierkegaard, un poema de Robert Browning, un cuento de Léon Bloy y otro de lord Dunsany. Nuestra lectura de Kafka, afirma Borges, refina y desvía nuestra percepción de estas obras. Ya no las leemos como se leyeron en su tiempo, como las leyeron por ejemplo quienes las escribieron. Lo más significativo, agrega Borges, es comprobar que si bien todas estas obras se parecen a Kafka, no se parecen entre sí: Kafka ha hecho un conjunto de lo que antes era una dispersión de obras disímiles. Un gran autor, concluye Borges, *crea* a sus precursores, o en términos de Bloom, convierte a sus padres en sus hijos.

Grandes y pequeños precursores. Harold Bloom toma el ensayo de Borges como punto de partida, pero establece algunas diferencias. Los precursores de los que habla Borges en aquel texto son escritores menores que el efebo, incluso algunos no son precursores en sentido estricto, ya que Kafka no pudo haberlos leído. Por eso, en los casos que señala Borges, la relación precursor-efebo puede darse sin lucha, sin rivalidad, en otras palabras, sin angustia.

La relación de influencia que más le interesa a Bloom, en cambio, es la que se establece entre un precursor fuerte, titánico, y un efebo fuerte, a veces tan fuerte como él, pero condenado, por el único pecado de haber llegado más tarde, a ser un segundón de la literatura. En estos casos, la actitud hacia el gran precursor es de admiración, rivalidad, miedo, a veces odio: ahora sí, estamos en el terreno de la angustia de las influencias. Kafka vivió intensamente tal angustia: su gran precursor fue el olímpico Goethe. Los diarios de Kafka están llenos de anotaciones sobre cuánto le cuesta hacerse un lugar en los escasos oscuros recovecos dejados por la cegadora luz del omnipotente escritor, como ésta del 4 de febrero de 1912:

«*La avidez con que leo todo lo relativo a Goethe (las conversaciones de Goethe, sus años de estudiante, entrevistas con Goethe, una visita de Goethe a Frankfurt) que me penetra entero, y que me impide absolutamente escribir.*» Y un día después: «*Hermosa silueta de cuerpo entero de Goethe. Inmediata impresión de repugnancia al contemplar ese cuerpo perfecto de hombre, ya que es inimaginable sobrepasar ese grado de perfección.*»

Hacia el final de su ensayo, Borges señala: «*En el vocabulario crítico, la palabra precursor es indispensable, pero habría que tratar de purificarla de toda connotación de polémica o de rivalidad.*» Aquí es donde Bloom marca su principal diferencia con Borges: «*Creo que Borges se engañaba al afirmar que en la relación entre el precursor y el sucesor no había celos o rivalidad. Creo que él mismo satiriza luego ese idealismo literario suyo en su gran cuento "El inmortal"*»[3].

En su cuento «Pierre Menard, autor del Quijote» (1939), Jorge Luis Borges propone el caso extremo de un autor del siglo XX que, subyugado por la grandeza de Cervantes, se propone la tarea imposible de reescribir textualmente *El Quijote*, no copiándolo, sino creándolo él mismo de nuevo. Sólo logra com-

---

3 Entrevista citada.

pletar unos fragmentos, que resultan palabra por palabra idénticos al original, pero que al ser el producto de un escritor francés del siglo XX tienen un sentido radicalmente distinto al del texto de Cervantes. El caso de Pierre Menard ilustra el predicamento del escritor tardío: aun cuando lograra reproducir la creación del precursor, su obra, por venir después, no será valorada de la misma manera. *«Componer* El Quijote *a principios del siglo diecisiete»*, razona Menard, *«era una empresa razonable, necesaria, acaso fatal; a principios del veinte, es casi imposible. No en vano han transcurrido trescientos años, cargados de complejísimos hechos. Entre ellos, por mencionar uno solo: el mismo Quijote.»*

Angustia y represión

Malas y buenas lecturas. La conciencia de ser menor, o la más intolerable aún conciencia de ser igual de fuerte y estar condenado al lugar de segundón por el solo hecho de haber venido después, producen sufrimiento, angustia y dolor: ésta es una realidad que no puede ser modificada, pero lo que sí puede modificarse, mediante la negación, el desplazamiento, la represión, es la *conciencia* de esa realidad. Con esta consideración, la teoría de Bloom busca apoyo en el psicoanálisis freudiano.

Incapaz de ser el precursor, incapaz de ignorarlo, al efebo le queda un sólo camino: *revisarlo*. El efebo *olvida* el poema de su precursor, es decir, *reprime el recuerdo* de ese poema: por tanto, el poema nuevo que escriba estará cargado del poema negado. O bien olvida parcialmente, *recuerda mal* (pero este es un olvido defensivo, creativo, que nada tiene que ver con la mera mala memoria) o *lee mal,* y recuerda esa mala lectura. Todo poema fuerte, señala Bloom, es una mala lectura, una mala interpretación, de un poema fuerte anterior: el error es lo que abre espacio a la creatividad. Una «buena» lectura, en cambio, sería la lectura de *El Quijote* que realiza Pierre Menard: tan buena que el poema nuevo no es más que un calco del anterior. Bloom utiliza el término «cociente revisionista» para aludir a la relación entre un poema primero y el poema segundo que lo revisa, es decir, realiza una «mala lectura» del primero. Bloom se coloca así en contra de cierta tradición crítica —y de sentido común— que divide las lecturas en buenas y malas de acuerdo a si son fieles, o no, a la obra leída.

Bloom prefiere los términos «lectura fuerte» y «lectura débil». Una lectura fiel, una lectura que respeta el sentido del original, lo que habitualmente se conoce como una buena lectura, es una lectura débil: no revitaliza al original, no produce nuevos sentidos, no produce nueva literatura. El escritor fiel no emergerá nunca de la sombra de su precursor. El escritor fiel es un lector idealista. La mala lectura es aquella que violenta, confunde, deforma el texto original, lo modifica para siempre. Toda lectura fuerte es una mala lectura, y el escritor que lee mal puede convertirse en un poeta fuerte, o escritor revisionista. Para que haya influencia debe haber errores de interpretación. La historia de la literatura es la historia de las malas lecturas que hacen los poetas fuertes de los poetas fuertes anteriores. Todo cociente revisionista es un mecanismo de defensa inconsciente (en el sentido freudiano) que realiza el efebo para recibir una influencia creativa del precursor sin morir (poéticamente) en el intento.

Bloom señala seis maneras o modalidades de mala interpretación, es decir, seis cocientes revisionistas:

- *Clinamen* es la mala lectura o mala interpretación propiamente dicha. Al escribir su poema, el efebo sigue a su precursor y en algún punto se desvía, toma otra dirección. El poema del efebo no se aparta meramente ni abandona o desentiende del poema padre. Más bien, se convence de que el poema-padre debió haber realizado precisamente esta desviación que el nuevo poema va a hacer ahora. De manera análoga, en la historia de una familia un hijo intentará frecuentemente en su vida (de manera inconsciente) alejarse y acercarse a la vez al padre apartándose del camino que tomó, para tomar el camino que *debió haber tomado.* Esta corrección es una ilusión (el padre tomó el camino que quiso), pero le permite al hijo asimilar la influencia del padre y al mismo tiempo adquirir independencia y hasta un poder ilusorio sobre él.

- *Tésera* es complemento o antítesis. El poeta considera (erróneamente) que su precursor se ha quedado a mitad de camino, y el poema nuevo «completa» al poema precursor. El hijo considera no que el padre erró el camino sino que dejó una parte sin recorrer: él llegará a la meta que (según él) el padre se trazó, él completará su tarea. Se trata de nuevo de una ilusión, que frecuentemente actúa de manera inconsciente (la localización o implantación psíquica de la influencia literaria, señala Bloom, no se da en el superego sino en el ello o inconsciente), pero es una ilusión creativa que le permite al poeta-hijo recibir la influencia del padre sin ser aplastado por ella.

- *Kenosis* implica un apartarse del precursor a través de un vaciarse o humillarse por parte del efebo. Bloom toma el término de san Pablo, en el que significa la «autohumillación» de Cristo al pasar de su condición de Dios a la de hombre. Es un movimiento de ruptura o discontinuidad: la peligrosa fuerza del precursor se deshace, pero *en uno mismo*. Bloom relaciona este cociente con los mecanismos freudianos de defensa: el hijo se defiende de la fuerza del padre deshaciéndola en sí mismo, y al hacerlo deshace también la fuerza del padre. Este tercer cociente, señala Bloom, señala más bien una relación entre poetas que entre poemas.

- *Demonización.* En ella el poeta posterior busca sus influencias más allá —o más atrás— del precursor, en una fuerza o poder anterior, a veces imaginada como sobrenatural (angélica o diabólica) que el precursor habría recibido y que él ahora podrá recibir a su vez. No es del precursor de donde el efebo recibe su fuerza, sino que *ambos* la reciben de una fuerza superior, que por su carácter de no humana permite aliviar o desplazar los sentimientos de celos o humillación asociados con la angustia de las influencias.

- *Ascesis.* Aquí el poeta posterior busca la pobreza, se vuelve ascético y renuncia a alguna de sus dotes, y al hacerlo se libera (cree liberarse) de la carga de su enorme deuda con el padre-precursor. La analogía con el hijo que renuncia a una herencia *para no deberle nada al padre* puede resultar adecuada si recordamos que en el caso de la herencia literaria los términos de la renuncia están dictados por los términos de la herencia: el poeta segundo renuncia específicamente a aquellas cosas en las que el precursor es más fuerte, y el rechazo es tan minucioso y dependiente del original como lo sería una imitación. Un buen ejemplo es el de Samuel Beckett: en sus primeras obras trata de competir con su gran precursor Joyce en el mismo terreno, escribir obras de una riqueza e inventiva verbal que rivalicen con las de su precursor. Previsiblemente fracasa: y para escapar de la sombra de Joyce, Beckett elige otra lengua, una lengua que no domina bien: el francés. Renuncia a la lengua materna porque en esta lengua Joyce lo aplasta. En francés se ve obligado a escribir de manera seca, despojada, sin alusiones ni juegos de palabras. Luego vuelve a traducir sus textos al inglés a partir de la versión francesa, logrando un inglés huérfano, ascético, casi muerto: un inglés que es incapaz de contaminarse de la riqueza del inglés de Joyce. Así como un asceta modela su renuncia tomando como parámetro los excesos de sus semejantes, el poeta que cultiva la ascesis toma al poema primero como parámetro de aquello a lo que debe renunciar. La poesía de Beckett se vuelve una poesía de la impotencia: sus personajes cada vez tienen menos, pueden menos.

Otro caso muy similar es el ya mencionado de Kafka: su *ascesis* respecto de la riqueza inconmensurable de Goethe lo lleva a cultivar un alemán empobrecido, descolorido, neutro; a buscar lo que él mismo llama una literatura menor, a crear personajes que sistemáticamente fracasan en todos sus objetivos. En su cuento «Un artista del hambre», que convierte el ayuno en una forma de arte, la *ascesis* se vuelve anorexia.

• *Apofrades* es el retorno de los muertos. Es un movimiento que suele darse al final de una carrera exitosa del poeta. Así como el hijo que en su juventud se ha rebelado contra su padre con éxito, se convierte en un patriarca en la última etapa de su vida según el modelo de su padre y se le parece más que nunca, el poeta que se ha liberado de la sombra del precursor la invoca ahora con orgullo y respeto.

Borges, que en su juventud lucha contra la sombra del poeta modernista Leopoldo Lugones, apartando su poética cuanto puede de la suya, en su madurez no sólo reivindica la figura de Lugones como padre y precursor, sino que abre su obra a su influjo. En 1960, Borges, que ya entonces había superado ampliamente a Lugones en éxitos y prestigio, se imagina llevando un ejemplar de su libro *El hacedor* a su maestro, ya muerto en el mundo real:

> *«Si no me engaño, usted no me malquería, Lugones, y le hubiera gustado que le gustara algún trabajo mío. Ello no ocurrió nunca, pero esta vez usted vuelve las páginas y lee con aprobación algún verso, acaso porque en él ha reconocido su propia voz, acaso porque la práctica deficiente le importa menos que la sana teoría.»*

La estampa del humilde discípulo que se acerca al maestro con la cabeza gacha para recibir su bendición es el reverso exacto de la realidad: es Borges el que le está ofreciendo a Lugones un lugar en su obra, es Lugones el que agradece la merced que un gran escritor le está haciendo a un escritor de segunda línea. Y es precisamente por eso que ahora en la escritura de Borges «se reconoce la voz» de Lugones con mayor claridad que en el Borges joven. Esto puede suceder ahora que Borges ha superado a Lugones y puede permitirse volver a él sin riesgo para su integridad poética.

El poeta fuerte puede darse el lujo de ser agradecido cuando es el precursor el que debería agradecerle que lo recuerde. *Apofrades* es un retorno al precursor al final del camino. No siempre el poeta posterior debe efectivamente haber superado a la *figura* del precursor, pero la *apofrades* siempre corresponde a la etapa en la que el poeta posterior ha superado (o cree haber superado) la peor parte de la *angustia* que esa figura le produce o producía.

Visiones de la inmortalidad

El botín de la lucha. ¿Qué es lo que está en juego, en última instancia, en el duelo literario entre efebo y precursor? ¿Cuál es el botín, cuál el trofeo? Según Bloom, es «la más grande de las ilusiones humanas, la visión de la inmortalidad». La victoria del poeta fuerte es una victoria sobre el tiempo y la muerte. La literatura es un sistema que permite defenderse de la muerte y el olvido posterior, pero es un sistema egoísta: quien se salva de la muerte y el olvido lo hace a costa de los demás. Si el canon literario es una barca que conduce a las tierras de la inmortalidad, no hay lugar para todos en ella: los más fuertes echan a los más débiles por la borda.

Literatura del agotamiento. La visión de Bloom es hasta cierto punto caníbal o vampírica: si cada obra se nutre de las energías de las anteriores, cada generación será más débil que la anterior. Tomada como un absoluto, es una visión que conduce inevitablemente a la idea del agotamiento de la literatura, y Bloom suele referirse a la nuestra como una «época tardía», como si el poema padre fuera una luz solar y los poemas posteriores apenas espejos que la van reflejando cada vez con menor intensidad. Pero habría que agregar que la literatura no sólo se nutre de la literatura, sino de todos los discursos que produce la cultura: en el pasado, de la cultura popular, y desde hace poco más de un siglo, de la cultura de masas. Autores como Dashiell Hammett, Raymond Chandler, William Burroughs, Jack Kerouac, Allen Ginsberg,

Charles Bukowski, por mencionar sólo algunos de la cultura estadounidense, son olímpicamente ignorados por Bloom en sus estudios. Y justamente lo que caracteriza a estos autores es que su literatura deriva no sólo de la alta literatura anterior (como hacen los efebos de Bloom), sino de los discursos de la literatura de masas. También se manifiesta en ellos la angustia de las influencias (es notable por ejemplo en Chandler y Bukowski hacia Hemingway, en Ginsberg hacia Walt Whitman y William Carlos Williams), pero el desvío o *clinamen* se produce en ellos hacia fuera, hacia los márgenes de la literatura, y así escapan de ese agotamiento que Bloom señala como inevitable en nuestra época «tardía».

Dentro y fuera de la lengua. La tesis de Bloom funciona mejor dentro de las tradiciones nacionales en la misma lengua: pero los autores no reciben únicamente la influencia de sus compatriotas. Muchas veces buscan la influencia de un autor extranjero que escribe en otra lengua para escapar de la influencia de los grandes de la tradición local: así, la literatura española emerge del medievo imitando modelos italianos, y la poesía francesa del siglo XIX (Baudelaire, Verlaine, Mallarmé) escapa del clasicismo tomando como modelo la obra del norteamericano Edgar Allan Poe.

Las influencias antes y después de Bloom. El estudio de la influencia literaria, antes de Bloom, se limitaba a una búsqueda de préstamos. Descubría frases, partes de frases, temas, argumentos que aparecían en la obra de dos poetas algo separados en el tiempo. Era una labor más detectivesca que teórica: alguien encontraba parecido entre, digamos una frase de Shakespeare y una de Chaucer, y con gran regocijo señalaba «una influencia» y más o menos ahí terminaba la cosa. La influencia parecía así una cuestión de elección libre por parte del efebo. Bloom convierte a la dinámica de las influencias literarias en la lógica que rige el funcionamiento de la literatura, en la ley que gobierna el canon. Su análisis de las influencias se extiende (sobre todo) a su funcionamiento inconsciente y a los movimientos reactivos, donde el apartarse de/o el negar al precursor también son formas de ser influidos por él. Las influencias en Bloom no son meramente agregados o decorados a una obra «original», son ineludibles, son *constitutivas* del poema del efebo.

CAPÍTULO 2

Los autores de Dios

Cómo se lee la literatura

En su libro *Cómo leer y por qué,* Harold Bloom ofrece una serie de principios para la lectura literaria tal como entiende que debe practicarse:

- **Soledad.** Inicialmente, la literatura era leída en voz alta, ante un auditorio, y la palabra escrita no era autónoma, sino un mero apoyo de la palabra hablada. En cambio, la lectura tal como la practicamos en la actualidad es una actividad solitaria. Quizá, como señala Borges, el cambio se dio a finales del siglo IV, con el comienzo de la lectura silenciosa. En el Libro seis de sus *Confesiones,* san Agustín cuenta con asombro cómo san Ambrosio leía en soledad y sin pronunciar las palabras en voz alta.

- **Egoísmo.** Uno lee para sí mismo, para fortalecer el yo, no para mejorar ni mucho menos convertir a los demás. La utilidad social no es una medida adecuada del valor del acto de leer. El conocimiento que la lectura ofrece no es ante todo un conocimiento de la sociedad que produjo el libro, sino del yo que lo lee.

- **Placer**. La lectura es un acto placentero, se lee por placer y no por deber, y por eso, señala Bloom, los moralistas sociales «de Platón a nuestros actuales puritanos de campus» han reprobado los valores de la lectura hedonista, es decir, estética. «No hay ética de la lectura», señala el autor. Aunque, aclara, el placer de la lectura es un placer difícil, que requiere cualidades de educación, entrenamiento, sensibilidad e inteligencia no habituales.

- **Contemporaneidad.** En *Aspectos de la novela,* el escritor británico E. M. Forster propone leer «exorcizando el demonio de la cronología», suponiendo que todos los escritores escribieron sus novelas al mismo tiempo, que están sentados en una habitación circular, escribiendo sus obras, y que miramos por encima de sus hombros para ver qué escriben. Forster propone leer como leen los escritores: a un escritor sólo le interesa lo que puede incorporar a su propia obra, y no se preocupa tanto por «recuperar el sentido original» del texto que lee. La lectura historicista, en cambio, al sostener que la obra sólo puede ser comprendida en función de su época y sus circunstancias (algo en general sólo asequible al lector académico o especializado) sólo consigue alienar al lector común, haciéndole sentir «que no sabe leer». Pero es justamente la lectura desde el presente, desde el hoy, desde las circunstancias siempre cambiantes y renovadas del lector —más que desde las circunstancias del autor—, la que produce sentidos nuevos, la que interpreta mal: la que constituye, así, una lectura fuerte. Así leen los escritores y así, también, pueden leer los lectores comunes. La lectura historicista sería, en cambio, una forma de lectura débil.

- **Ironía.** Un buen escritor de literatura nunca expresa una sola cosa: la frase puede estar diciendo explícitamente una cosa e implícitamente otra; la forma se contradice con el contenido, lo califica o lo relativiza; los personajes pueden afirmar una cosa y el narrador otra, o puede haber una brecha entre lo que entienden los personajes y lo que indica la resolución de la acción. El modo de la literatura es, pues, la ironía: y la lectura literaria es así irreconciliable con cualquier forma de dogmatismo, ya que el dogmatismo no admite la ironía. La ironía se relaciona también con otras características de la literatura: con su carácter abierto (a interpretaciones diversas y hasta incompatibles) y con el humor. El humor implica una relativización, la duda, la suspensión de una serie de valores: la risa es abierta por naturaleza. La lectura dogmática, en cambio, es siempre seria: una lectura que no sabe reír.

Lectura literaria y lectura dogmática. Bloom está así definiendo un patrón de lectura literaria, es decir estética y cognitiva, en oposición a la lectura dogmática, sea este dogmatismo de índole religioso-moral o político-ideológico. La lectura religiosa es, en ese sentido, la antítesis de la lectura literaria. Repasando los puntos anteriores:

- En la lectura religiosa el que lee no es el individuo, sino la colectividad: buscar sentidos individuales en un texto religioso equivale a destruirlo como tal. De hecho, la religión católica durante mucho tiempo desaconsejó, o directamente prohibió, la lectura en solitario de los textos sagrados, y fue necesaria la Reforma para que el lector recuperara su contacto individual con la Biblia como libro.

- La lectura religiosa de un texto supone buscar en él pautas para el mejoramiento material o espiritual no sólo del individuo sino de la comunidad. La lectura en clave religiosa no se agota en el acto de la lectura: para completarse debe resolverse en prácticas y conductas concretas.

- La lectura de textos religiosos no se plantea la cuestión del placer: se lee por deber, y en general —sobre todo con los niños— de manera compulsiva, repetitiva, agotadora: se diría que se busca el displacer de la lectura como modo de disciplina. Y luego la lectura es examinada —por ejemplo, en el catecismo— por una figura de autoridad que corrige sistemáticamente las «interpretaciones erróneas».

- La lectura religiosa, más que contemporánea, es atemporal: el «sentido correcto» ha sido fijado en el pasado y pertenece, de allí en adelante, al orden de lo eterno e inmutable.

- Por último, y sobre todo, la lectura religiosa es absolutamente hostil a la ironía. Para ella no hay, en lo sustancial, ninguna diferencia entre ironía y blasfemia.

Lectura religiosa y lectura política. La lectura dogmática política o ideológica comparte con la religiosa la mayoría de las características citadas. La principal diferencia radica en su historicidad. La lectura política es histórica en el sentido de que intenta siempre reponer las condiciones de producción del texto como garantía de su sentido: para entender a Shakespeare habría que conocer a fondo la historia, las costumbres, la organización económica, social y política de la Inglaterra isabelina y jacobina.

Lectura literaria y herejía. Por todo lo dicho es indudable que para poner a prueba los principios de lectura literaria —creativa e imaginativa— Bloom debía aplicarlos a alguno de los textos que privilegian el modo de lectura dogmática: los textos religiosos. Leer el Antiguo Testamento, el Nuevo Testamento o el Corán *como textos literarios* será la prueba de fuego para el modo de lectura que Bloom promueve.

En *La angustia de las influencias,* Bloom compara la mala lectura de los textos literarios con la herejía en la lectura de los textos sagrados. La herejía es una forma de mala interpretación y por tanto de lectura fuerte, pero es necesario aclarar que hay una diferencia fundamental. La herejía propone reemplazar un modo de lectura dogmático por otro: por ejemplo, a la concepción dogmática de la Santísima Trinidad como coexistencia de tres personas en una, la herejía del arrianismo propone que hay una preeminencia del Padre sobre el Hijo y del Hijo sobre el Espíritu Santo. En realidad, se trata de un choque entre dos verdades que se conciben como absolutas y cerradas, y tras una serie de luchas por el poder una de ellas emergió victoriosa: ésta se convirtió en dogma y la otra en herejía, pero podría haber sido al revés. La lectura estética no se propone reemplazar un dogma por otro, sino cambiar el modo de lectura: abrir el espacio de lectura a todas las herejías posibles, fomentarlas. Una lectura que produzca solo herejías, sin que ninguna logre imponerse a las demás y constituirse en dogma, es el espacio utópico que Bloom propone para la lectura literaria.

Los riesgos de la lectura estética

Rushdie, Scorsese, Bloom. Este conflicto entre lectura estética y lectura religiosa se agudizó de manera dramática en 1989, cuando la teocracia que gobernaba Irán pronunció una condena a muerte de alcance mundial —o *fatwa*— sobre el escritor Salman Rushdie, quien habría ofendido a la fe musulmana en su novela *Los versos satánicos* (1988). En su novela, Rushdie reinterpreta de manera libre ciertos episodios de la vida del profeta Mahoma en el Corán. La sección más ofensiva de *Los versos satánicos* trata del coqueteo de Mahoma con la posibilidad de introducir tres deidades femeninas en el panteón musulmán, en el nivel de los arcángeles, y de su posterior repudio de los versos que consagraban esa opción, denunciándolos como «de inspiración satánica». Como señala el mismo Rushdie en los artículos donde defiende su novela, fue una manera indirecta de condenar el sometimiento y la discriminación de la mujer en la sociedad musulmana. De 1988 también es la película *La última tentación de Cristo,* de Martin Scorsese, que se centra en las tentaciones terrenales de Cristo e incluye una polémica escena que lo muestra haciendo el amor con María Magdalena. Si bien Scorsese no fue explícitamente condenado a muerte, su película enfureció a fundamentalistas católicos y protestantes, siendo condenada y combatida, además de censurada, en diversos países. Sacudidos así musulmanes y cristianos, le tocaba a Bloom hacer lo propio con los judíos, y escribe, en colaboración con David Rosenberg, *El libro de J.,* que es básicamente una lectura de la Biblia judía, en concreto de sus primeros cinco libros, conocidos como la Torá o Pentateuco, en clave estética o literaria. ¿Cómo se lee la Biblia si la leemos como leemos *Hamlet, El Quijote* o *Crimen y castigo?* ¿Qué sentidos aparecen, qué sentidos desaparecen? ¿En qué libro se convierte?

Y la mujer creó a Dios. Harold Bloom, que abre con *El libro de J.* su período de acercamiento al mercado masivo de lectores, se decide por una estrategia de gran impacto que recuerda a la de Salman Rushdie. Imagina, o encuentra, una metáfora que marque sus diferencias con la lectura dogmática: afirma que quien escribió las partes de la Torá conocidas como «El libro de J» no sólo es un autor humano e individual —y no divino, o colectivo— de una alta sensibilidad literaria y de temperamento irónico. El autor de «el libro de J» sería, además, una mujer. Bloom la imagina viviendo y educándose en tiempos del rey Salomón y escribiendo hacia el año 900 a.C., en tiempos del hijo de aquél, Roboam. Los argumentos de

Bloom (por ejemplo, la mayor importancia relativa que le da a la creación de la mujer, sus preferencias por la organización familiar antes que por la institucional, la actitud maternal que manifiesta hacia el «travieso» Yahvé) no son muy convincentes. Pero el poder de marketing de la tesis según la cual «el autor de la Biblia es una mujer» inundó los medios periodísticos y logró que el libro fuera muy leído y comentado. La hipótesis sobre el sexo de J fue el caballo de Troya dentro del que viajaba la tesis central del libro: que J (hombre o mujer, lo mismo da) no fue un autor religioso, sino literario; y que su Yahvé es más una imagen coherente de Dios, uno de los personajes más fascinantes y contradictorios de la literatura.

La Biblia como texto literario

Los autores de la Biblia. Para la religión judía o cristiana la pregunta sobre el autor o autores de la Torá no solo carece de relevancia sino que es improcedente: la tradición normativa, o religiosa, afirma que el único autor de los primeros cinco libros de la Biblia judía, o Antiguo Testamento (Génesis, Éxodo, Levítico, Números y Deuteronomio) es Moisés, que los recibiera por revelación divina en el monte Sinaí. Los historiadores, en cambio, identifican varios redactores: J o el Yahvista, E el Elohísta, P el Autor Sacerdotal y R, el Redactor, que fusionó los textos anteriores, borrando así muchas de las marcas estilísticas y conceptuales que permitían diferenciarlos.

La lectura de Bloom se apoya en esta hipótesis de los documentalistas, pero le agrega sus propios criterios de lectura estética. Desde el punto de vista estético, Bloom distingue dos grandes voces: una individual e idiosincrásica, una voz de autor literario: la voz de J; y una voz compuesta, comunitaria, normativa, más atenta a los valores religiosos y a la tradición compartida, la voz compuesta de E, P y R. De todos ellos, J es el primero, y los siguientes trabajan sobre su obra, reescribiéndola y normativizándola, ahogando la voz del autor en la voz del dogma. La Biblia, entonces, comienza para Bloom como un texto literario que la lectura y la sobreescritura religiosas van convirtiendo en otra cosa, en un texto sagrado. Pero el texto literario no desaparece: bajo la forma de escenas cómicas, ironías e inconsistencias, fragmentos de *El libro de J* original han sobrevivido en la versión que ha llegado a nuestras manos. La tarea que Bloom, el comentarista, y Rosenberg, el traductor, se proponen es, como la del arqueólogo, la de identificar y exhumar estos restos e intentar reconstruir de la manera más completa posible su forma original.

Un personaje llamado Dios. El libro de J es notable por su alcance y variedad. Empieza con la creación de Adán y llega hasta la muerte de Moisés, contando en el camino las historias de Caín y Abel, Noé, la Torre de Babel, Abraham, Isaac y Rebeca, Jacob y Raquel, José y el éxodo. Pero hay una figura que unifica y liga este conjunto: Yahvé, el Dios del libro de J. En el Pentateuco Dios suele nombrarse de dos maneras: Yahvé y Elohím, y este fue el criterio para darle nombre a dos de los redactores: J usa el nombre Yahvé (o Jehová) y E utiliza sistemáticamente el nombre Elohím. Pero la diferencia, señala Bloom, es más profunda. Elohím corresponde a la idea de Dios que ha consagrado la tradición judeo-cristiana: una entidad sin rasgos humanos, gaseosa, abstracta, cuyos principales dones son la santidad, la pureza y la bondad. Yahvé, en cambio, es un Dios arbitrario y caprichoso, poseedor de rasgos físicos y hasta de una psicología humana. Elohím es una entidad religiosa, y en el texto bíblico actúa como un concepto o un principio que ordena la acción y le da sentido a la historia. Yahvé, en cambio, es un personaje que interactúa directamente con los otros personajes, ángeles y humanos (Adán, Eva, Abraham, Moisés). Más aún: es el personaje principal, el protagonista de El libro de J.

El Dios de J es, en suma, un dios antropomórfico, y sus rasgos humanos se manifiestan de diversas maneras. Por un lado, en lo físico: en el Génesis, Yahvé «anda por el huerto entre las brisas de la tarde», en la escena del «picnic» de Mambré Yahvé se aparece con dos ángeles y los tres se sientan a la sombra de los árboles y disfrutan del almuerzo de ternera, requesón, panecillos y leche que les trae Abraham. Luego se levantan y Abraham «les muestra» el camino hacia las ciudades de la llanura (resulta casi ridículo pensar en un Yahvé que no sabe donde queda Sodoma). Pero es en su psicología donde se acentúan los rasgos humanos —es decir, literarios— de Yahvé. El Yahvé de J resulta interesante porque se parece a nosotros, es más emocional que racional, es irascible y caprichoso. Como los dioses griegos, interactúa con los personajes humanos, les habla, discute con ellos, caprichosamente les da y les quita, castiga y recompensa. Quizá el episodio más característico sea aquel en el que Abraham regatea con Yahvé la suerte de las ciudades de la llanura:

Abram se acercó: «¿Destruirás al inocente con el despreciable? Si en la ciudad hay cincuenta justos, ¿lo mismo la destruirás? ¿No te detendrás por los cincuenta inocentes?

»Prohíba el cielo que des esto a luz, borrar al inocente con el despreciable, como si sinceridad y desprecio fueran iguales. ¿Es posible —no lo permita el cielo— que tú, juez de toda la tierra, no traigas justicia?»

«Si encuentro en la ciudad cincuenta inocentes», dijo Yahvé, «por causa de ellos dejaré en pie el lugar.»

«Te ruego que oigas», apremió Abram. «He imaginado que podía hablar con Yahvé: yo, mero polvo y cenizas. Quizás de cincuenta justos faltaran cinco. ¿Destruirías por ellos una ciudad entera?»

«No la abatiré», dijo Yahvé, «si encuentro cuarenta y cinco».

Pero él halló más que decir. «Supón», apremió, «que encuentras cuarenta». Y él dijo: «Por causa de esos cuarenta no obraré.»

«Te ruego, mi señor, no te enojes», continuó él, «si aun hablo más. Supón que encuentras treinta...»*.

---

* En este diálogo entre Abraham y Yahvé se utiliza la versión de Rosenberg que el mismo Bloom incluye en *El libro de J*, retraducida al español por Marcelo Cohen. Haber tomado otra traducción, como la *Biblia Académica de Jerusalén*, podría haber hecho que el análisis de Bloom resultara incoherente respecto del texto citado.

El tira y afloja sigue hasta que quedan diez: si encuentra a diez justos en la ciudad de Sodoma, Yahvé la perdonará. La lectura de Bloom tiene como primera virtud leer el pasaje como un elaborado chiste judío, y producir deleite allí donde la lectura dogmática sólo genera enseñanza y tedio. Pero hay más: Abraham, la criatura de polvo y cenizas, no está suplicando: le está dando a su Dios lecciones de justicia y moral. Se está mostrando más misericordioso, más ecuánime, más maduro en suma, que su propio dios. Y su Dios, lejos de recordarle que su voluntad debe ser aceptada aun sin ser entendida, y que sus caminos son insondables para el limitado entendimiento humano, le da la razón. Abraham, más que tratar de entender, trata de explicar; más que suplicar a un ser superior, trata de convencer a un niño petulante y caprichoso; y como haría cualquier padre en una situación así, va por partes. Y Yahvé concede, pero a regañadientes, como un niño que sigue con ganas de destruir la ciudad de todos modos pero no sabe como rebatir las razones de los adultos. Algo parecido sucede con la destrucción de Babel: en la lectura que hace Bloom del episodio, Yahvé parece más un niño que destruye en la playa el castillo de otro niño por envidia que un dios sentando principios morales para su creación. Lo fundamental, insiste Bloom, es que todo esto no implica que J esté tratando de transmitirnos otra teología, otra versión sobre la divinidad. El interés de J es literario, no religioso; la escena del regateo entre Abraham y Yahvé es poderosa en sí misma, tiene suspense, tiene su lado cómico y hasta grotesco: y esto es lo que la justifica.

En el centro de la Biblia, lo que es decir en el origen de nuestra cultura, nos dice Bloom, hay una paradoja central: un personaje literario ha sido deificado y se ha convertido en piedra de toque de todos nuestros principios y valores. Esto nos parece natural porque dos mil años de teología normativa nos han acostumbrado a ello, pero imaginemos una religión cuyo dios fuera el Hamlet de Shakespeare, el don Quijote de Cervantes o el Raskólnikov de Dostoievski y estaremos más cerca de comprender lo que ha sucedido con el Yahvé de J. Padres sometidos a los caprichos de un niño omnipotente, ésta es la imagen irónica de Dios que J habría legado a la posteridad, y que la teología y el dogma cometieron el error de tomarse demasiado en serio. La civilización occidental estaría, así, basada en un chiste no entendido por aplicar los principios de la lectura dogmática a un texto literario. «Podemos suponer», señala Bloom «que la historia de la teología occidental está obsesionada por la inasimilable personalidad de Yahvé; esta obsesión puede ser la fuerza que aún impulsa la teología». Así como la esquiva e inasible personalidad de Hamlet es una de las fuerzas que impulsan a la crítica literaria, el Yahvé de J impulsa a la teología justamente porque es un personaje literario, no teológico, y la teología no logra reducirlo a una figura coherente y manejable. Yahvé, además, como todo personaje literario complejo, y a diferencia del dios perfecto e inmutable de las religiones monoteístas de Occidente, va cambiando: a lo largo de la obra se vuelve cada vez más irascible e inseguro; durante el éxodo se le va acabando la paciencia, y la pierde por completo al acercarse al Sinaí, donde se enfurece con su pueblo elegido, amenaza con destruirlo e incluso intenta asesinar a Moisés.

Los efebos de J. Por su ironía, por sus juegos de palabras, por su variedad e inventiva, más de una vez Bloom compara a J con Shakespeare. La arbitrariedad y los caprichos de Yahvé reaparecen en Lear; su vitalismo y energía, su carácter inabarcable e inconmensurable, en la más grande creación de Shakespeare: el Falstaff de *Enrique IV*. Pero es en Kafka donde Bloom descubre la mayor afinidad entre J y un autor moderno. Las parábolas de Kafka, el modo dominante de su ironía —que según Bloom se basa en la yuxtaposición de realidades inconmensurables—, el humor y el absurdo kafkianos están ya en J, y Bloom convierte así a J en uno de los principales precursores de Kafka. La lectura de Kafka, más que la tradición normativa judía o cristiana, sería lo que nos permite leer literariamente *El libro de J*.

El J de Bloom no era un autor religioso, sino un contador de cuentos, escribía fábulas que, como toda literatura, apuntaban más a entretener y deleitar que a instruir o legislar. Si algo plasmó J en su Yahvé fue el poder, la variedad y la inventiva de su caprichosa imaginación literaria. En el libro de J Dios mantiene con su mundo la misma relación que mantiene un escritor con su creación y sus personajes: el ser supremo se modela sobre la figura del escritor. En el principio, entonces, era la lectura literaria. Leer literariamente es leer como lee Dios y no como lo hacen sus sacerdotes.

CAPÍTULO 3

Definiendo al enemigo

Los detractores del canon

Los malos de la película. *El libro de J* fue de alguna manera un precalentamiento, un entrenamiento para el verdadero combate. La lectura religiosa y quienes la practican no son, a fin de cuentas, el enemigo. Tienen sus propios textos, y no se meten con la literatura salvo cuando la literatura se mete con ellos. Los rabinos, los sacerdotes y los mulás no disputan a los críticos literarios las interpretaciones de Shakespeare, Goethe o Tolstói, y la crítica literaria suele devolverles el favor. Harold Bloom, es verdad, se permite algunas libertades con la cautivante J, pero en todo caso lo suyo no pasa de ser un flirteo, y no se toma demasiado en serio la tarea de arrebatarle los textos sagrados a sus legítimos o por lo menos fanáticos custodios. Se trata finalmente de una cuestión territorial: si cada uno se queda en su lugar, hay paz.

La cruzada para la cual Bloom se prepara será más ardua y decisiva, pues en ella se enfrentará a sus rivales en la crítica literaria. Aquí sí, ambos se disputan el mismo objeto: el canon literario, entendido no sólo como una lista de obras y autores que deben leerse, sino también como una determinada *manera* de leerlos. Bloom entra en la batalla con un formidable ariete: su monumental libro *El canon occidental,* quizá su obra principal y la más renombrada. *El canon occidental* es, ante todo, un libro polémico, y antes de abordarlo conviene saber contra quién esta dirigido, cuales son los enemigos de Harold Bloom.

La tarea no es sencilla porque Bloom no somete a sus rivales a una crítica pormenorizada, sino que los agrupa según categorías generales para luego desacreditarlos y descartarlos en bloque. La polémica no se entabla con individuos o con obras concretas, sino con tendencias, escuelas o modas. Bloom no incluye en su obra las posturas de sus adversarios para luego desmenuzarlas y refutarlas: el solo hecho de que existan le produce un olímpico fastidio y una exhausta desazón. Nada de esto es reprensible en sí, y de hecho la tendencia de estas escuelas críticas a enzarzarse en minuciosas disquisiciones teóricas por cuestiones de doctrina y olvidarse en el proceso de las obras literarias que supuestamente deberían estar analizando es una de sus características mas irritantes. Pero es necesario aclarar que la lista de enemigos de Bloom que veremos a continuación es el resultado de un proceso de reconstrucción imaginativa más que una transcripción fiel de las posturas del autor que nos ocupa.

El campo de batalla. El terreno de la lucha es sobre todo el de la escuela primaria y secundaria, el de la universidad y las producciones académicas: monografías, tesis, ponencias, libros, etc. Como lo producido en estos ámbitos influye en los lectores comunes y en las producciones periodísticas y mediáticas en general, la crisis que Bloom proclama abarca el ámbito de toda la cultura. El arte de leer está desapareciendo, están matando a los clásicos, están destruyendo la cultura, clama Bloom contra sus enemigos. En lugar de defender la ciudadela de la literatura en contra del asedio de la televisión, los videojuegos y otras formas de la cultura de masas, estos bárbaros académicos están minando desde dentro el edificio de la literatura occidental: son traidores.

Retorno al humanismo. En su tiempo, la Reforma protestante dio un giro a la cultura europea proponiendo que la relación entre Dios y sus fieles debía volver a basarse en la relación entre un lector y un libro. Los hombres —todos los hombres— tenían la capacidad y el derecho de leer la Biblia sin mediadores. Bloom parece proponer un retorno semejante a las fuentes para la cultura laica y humanista. Un lector y un libro: eliminados todos los factores aleatorios, esta es la fórmula última a la que puede reducirse la compleja ecuación que ha regido durante cinco siglos de humanismo occidental. Esta base mínima, afirma Bloom, está en riesgo de desaparecer; y más de una vez, sobre todo en las entrevistas donde asume las actitudes más dramáticas, ha dado la batalla por perdida. Pero aun así parece decidido a luchar hasta el final y a partir, como los héroes de las tragedias shakesperianas que tanto admira, con las armas en la mano y llevándose a varios por delante...

La escuela del resentimiento. Bloom ha acuñado este término para englobar a sus adversarios, aunque a veces —sobre todo en las entrevistas— también los denomina los *«resentniks»* por analogía con los *beatniks,* un movimiento literario por el que no siente ninguna simpatía (la utilización del sufijo «nik» en inglés supone una actitud despectiva). ¿Quiénes componen esta agrupación *sui generis?* En *El canon occidental,* Bloom identifica sus «seis ramas»: feministas, marxistas, lacanianos, nuevos historicistas [foucaultianos], deconstruccionistas y semióticos. Todas son escuelas críticas que fueron surgiendo en EE UU desde los politizados años sesenta y ocupando cada vez mayor espacio en los ambientes académicos y escolares.

Juicio estético y juicio moral. En el pasado, una obra literaria podía ser condenada por herética o blasfema, es decir, lo estético se juzgaba y condenaba desde los valores religiosos. Hasta mediados del siglo XX una novela podía ser condenada por inmoral; nuevamente un criterio extraestético —la moral sexual de una sociedad determinada— era invocado para juzgar el valor de una obra literaria. Hoy nos vanagloriamos de haber dejado atrás esas oscuras épocas de censura, y sin embargo, señala Bloom, la «escuela del resentimiento» ha traído toda una nueva batería de criterios morales y axiológicos —extraestéticos— para juzgar el valor de una obra literaria. Acusaciones como «herética» o «inmoral» han pasado de moda, pero han sido reemplazadas por otras como «reaccionaria», «imperialista», «machista», «homofóbica», etcétera.

La lista negra de Bloom

A continuación intentaremos hacer una breve caracterización de las principales escuelas que Bloom agrupa bajo la denominación de «escuela del resentimiento».

- **La crítica marxista** ve toda la literatura como un reflejo de sus condiciones de producción, sobre todo las materiales: de éstas, la determinante en última instancia es la dinámica de la lucha de clases. El autor no es un individuo genial que escapa de las limitaciones del tiempo y del espacio sino un producto de su época y sociedad, perteneciendo siempre a una clase determinada cuyos valores encarna. Sirve, además, pertenezca o no a ella, a los intereses de la clase dominante. Así, la idea de un «escritor universal» es sólo un mito de la clase dominante, que se arroga el derecho de hablar en nombre de toda la sociedad en su conjunto. La crítica marxista es siempre materialista e histórica: tiende a ser hostil a explicaciones de la literatura que incluyan nociones idealistas, espiritualistas, o elementos sobrenaturales como la musa y la inspiración divina; sospecha de la experiencia mística y condena sin reservas la idea de la gran literatura como atemporal y eterna; puede tolerar la literatura fantástica pero nunca ocultar su natural preferencia por el realismo. Todo esto no le impide caer en sus propias trampas metafísicas, como por ejemplo la falacia teleológica: la creencia —algo mitigada en la actualidad— de que la historia se encamina indefectiblemente hacia una revolución que implicará el fin de la sociedad de clases. Esto la ha llevado frecuentemente (en sus formas más ingenuas y dogmáticas, y menos críticas) a clasificar a los autores literarios en revolucionarios y reaccionarios, proletarios y burgueses, materialistas e idealistas, realistas y fantásticos; una clasificación en la cual el primer término recibe *a priori* una valoración positiva y el segundo, indefectiblemente, una negativa. La crítica marxista, cuando se vuelve moralista o axiológica —más que crítica y descriptiva—, tiene una batería de insultos favoritos: el más común, aunque hoy algo pasado de moda, es burgués. Le siguen oligarca, idealista, reaccionario, antirrevolucionario, irracionalista y varios más.

- **La crítica feminista** denuncia que el predominio casi absoluto de escritores varones en el canon de la literatura occidental es el resultado de la dominación masculina que durante siglos ha mantenido a las mujeres alejadas de la educación y la lectura, y por tanto de la posibilidad de escribir literatura. En este sentido es esencial la observación de Virginia Woolf en su ensayo *Una habitación propia,* quizá el texto base de toda la crítica feminista posterior: las condiciones materiales de existencia —la falta de educación formal, de rentas que permitan tiempo libre y de una habitación propia donde escribir— son la única explicación de por qué hasta el siglo XIX no hay mujeres escritoras en la tradición de la lengua inglesa. Una de las premisas básicas que com-

parten las escuelas criticadas por Bloom es que las so-
ciedades humanas están divididas en grupos y los grupos sometidos o marginados no son capaces de representarse adecuadamente a sí mismos: el espejo de su
arte está siempre deformado. Así, explica Woolf, hasta
finales del siglo XIX las mujeres en la literatura sólo
aparecen en su relación con los hombres, y nunca o casi
nunca en su relación con otras mujeres.

La crítica feminista se propone también evaluar la
imagen de la mujer en la literatura, o en la obra de un
autor determinado: y aun cuando ésta sea positiva se
encarga de señalar que muchas de las grandes heroínas
de la literatura (Cleopatra, Madame Bovary, Molly
Bloom) son producto de una imaginación masculina
«esencialista» y por eso llevan el estigma de los prejuicios y las formas de representación patriarcales.
Bloom suele cuestionar también sus metáforas, sobre
todo aquella que sugiere que, lejos del antagonismo
bélico que ordenaría la producción de los escritores
varones, las escritoras mujeres son «hermanas» que se
juntan a tejer colectivas «colchas de retazos» con sus
obras individuales; es comprensible el rechazo de
Bloom, para quien la agonística es la lógica de toda literatura posible, hacia estas imágenes pacíficas de la
tradición literaria. «Patriarcal, misógino, machista»
son algunos de los insultos favoritos que reparte la
crítica feminista cuando deviene en moralista o axiológica.

- **Los estudios coloniales y poscoloniales.** Los estudios coloniales y poscoloniales parten de una comprobación análoga a la que hace la crítica feminista con respecto a las mujeres: en el canon occidental predominan los autores de países centrales y dominantes: fundamentalmente de las potencias europeas y EE UU. La inclusión de Shakespeare, Goethe, Flaubert y Melville en el canon obedecería, así, menos al valor intrínseco de sus obras que a la potencia —y violencia— material y cultural de sus países de origen, que los han impuesto como modelos de toda la literatura. Además, la crítica poscolonial se ocupa de examinar la literatura de los países que han sido dominados y colonizados por otros, cuya cultura nunca es propia sino una amalgama inestable de cultura impuesta «prestigiosa» y cultura nativa de menor prestigio. La incapacidad de una cultura colonial de representarse a sí misma plenamente es uno de sus motivos centrales, siendo el «espejo rajado de un sirviente», como «símbolo del arte irlandés» que aparece en el capítulo 1 del *Ulises,* de Joyce, uno de sus emblemas más logrados. El caso del *Ulises* es típico: la crítica universalista como la que propone Bloom lo leerá como una gran obra de la literatura mundial, la crítica poscolonial insistirá en su carácter irlandés y sobre todo en la situación de dominación colonial en que esta novela fue escrita. Es también central la cuestión del idioma: la cultura dominada debe hablar un idioma que no es propio (por ejemplo, la literatura irlandesa se escribe desde hace ocho siglos en inglés y no en irlandés) y cuyas variantes legítimas o prestigiosas le están vedadas (el inglés de Inglaterra es más prestigioso que el de Irlanda, el español de España se cree más «correcto» que el de Guatemala), por lo que siempre arranca en desventaja. Esta forma de lectura crítica también tiene sus lugares comunes, siendo el imperialismo y el colonialismo los más mencionados.

- **Políticas de la raza.** Comparte muchas de las características de los anteriores. Al igual que los proletarios y las mujeres, los miembros de las minorías raciales están en una situación de desventaja: sus culturas y su literatura son «tercermundistas» aunque los autores hayan vivido y trabajado en los países centrales durante generaciones —como los escritores estadounidenses de raza negra— o incluso sean los habitantes originarios, como los indígenas o nativos americanos de EE UU. Uno de los propósitos de esta escuela es promover el acceso de las minorías raciales a la producción de bienes culturales. Otro es criticar la representación negativa de estereotipos raciales en la producción general o *mainstream,* que critican, por ejemplo, los estereotipos raciales en el cine de Hollywood. El canon occidental es denunciado por estar compuesto en su gran mayoría por autores blancos caucásicos, y los términos más usuales de desprestigio que esta escuela puede arrojarle a una obra o autor son los de racista, xenófobo, estereotipado, etcétera.

- **Políticas de género.** Engloba a la crítica feminista, de la que ya hemos hablado, y a la más reciente crítica gay y lesbiana. El núcleo de ésta reside, en primer lugar, en la censura en la representación de la homosexualidad en Occidente, sobre todo desde la Edad Media en adelante (siendo la literatura antigua griega y romana comparativamente poco hostil a la homosexualidad), y la representación negativa o positiva de la homosexualidad en la cultura occidental. El establecimiento de patrones fijos de conducta sexual (heterosexual y homosexual) es visto como el resultado de operaciones de dominación y control: por tanto, toda obra literaria que tienda a verlas como naturales será criticada. En cambio, la literatura que ofrezca imágenes positivas de personajes y conductas homosexuales, o cuestione las diferencias establecidas entre los géneros sexuales, será más valorada que la que consagre las diferencias y los tabúes (sobre todo decimonónicos). «Homófobo» es su término de descalificación más frecuente.

- **Los estudios culturales.** Los estudios culturales no forman una división definida dentro de la clasificación que intentamos, pero como Bloom los menciona una y otra vez como blanco de sus iras es necesario referirse a ellos. Vinculados estrechamente con la crítica marxista, proponen dirigir una mirada integradora sobre las prácticas culturales: literatura, teatro, música, pintura; pero también cine, televisión, periódicos y revistas, literatura y música popular, arquitectura, vida cotidiana y todo los que pueda recibir el nombre de «cultura» en el sentido más general del término. El principal pecado de estas disciplinas, para un crítico como Harold Bloom, es su falta de respeto por niveles y jerarquías: desde el punto de vista de los estudios culturales es tan válido analizar *Guerra y paz* como una telenovela, y estudiar la música de Brahms como la de los Sex Pistols. El resultado final de los estudios culturales será, afirma Bloom en su *Shakespeare,* que «terminaremos discutiendo a Shakespeare en los mismos términos con los que discutimos a la inigualable Madonna». Los estudios culturales no son tanto dogmáticos y juzgadores —como tienden a serlo los anteriores ejemplos de esta lista— sino irrespetuosos y plebeyos. No se encarnizan con la literatura, pero de alguna manera lo que le hacen es peor: no la tratan con el debido respeto, no tienen un ápice de sensibilidad por lo sublime: o peor aún, no diferencian suficientemente el modo sublime en la poesía de Wordsworth del modo sublime en una propaganda de automóviles.

- **La semiología y las escuelas francesas de la crítica.** A partir de los años sesenta, el pensamiento y la crítica literaria franceses se renuevan con nombres como los de Roland Barthes, Jacques Lacan, Jacques Derrida, Michel Foucault y Gilles Deleuze, por mencionar sólo los más conocidos entre los habitualmente etiquetados como estructuralistas y posestructuralistas. Tomando sus modelos de análisis y su vocabulario fundamentalmente de la lingüística y la semiología, estos pensadores renuevan las ciencias sociales, y su influencia en la crítica literaria es todavía hoy decisiva. En EE UU su efecto se deja sentir sobre todo a partir de los años ochenta, y uno querría creer que las iras de Bloom se dirigen, más que contra estos pensadores en sí, contra la manera ingenua y algo mecánica en la que se los ha apropiado el *establishment* académico estadounidense.

Además, los estudios culturales, feministas, poscoloniales, de políticas sexuales y raciales se adueñaron del bagaje conceptual y del vocabulario de esta escuela crítica, y Bloom ha visto en esta alianza otro motivo para su hostilidad hacia los «franceses». Resulta difícil coincidir con Bloom en que ellos están matando los estudios literarios, ya que algunos de los análisis más perceptivos de la literatura como tal han sido realizados en la segunda mitad del siglo XX por dichos autores. A diferencia de las escuelas anteriormente mencionadas, que tienden a centrarse sobre el *contenido* de las obras literarias, las escuelas francesas muestran una finísima sensibilidad hacia lo formal, y sus análisis no culminan en la valoración axiológica o ideológica de lo literario. Lo que quizá se pueda señalar como un efecto nocivo de esta escuela crítica es su imposición del uso de jergas especializadas.

Esta tendencia, en el caso de la crítica literaria, no nace con ellos, ya que se remonta al formalismo ruso de los años veinte, momento en que la crítica quiere constituirse en ciencia y adopta un vocabulario científico o seudocientífico tomado en su mayor parte de la lingüística. Pero se convierte en la tendencia dominante en la crítica europea no anglosajona a partir de los años sesenta, y una de sus primeras consecuencias es establecer una diferencia tajante e insalvable entre el lector especializado o académico y el lector común. La crítica literaria ya no es accesible a cualquier persona culta: las competencias necesarias para leer a Dante, Cervantes o Shakespeare eran en el pasado suficientes para leer, además, toda la crítica escrita sobre Dante, Cervantes o Shakespeare.

A partir del formalismo y del estructuralismo hace falta un aprendizaje, un entrenamiento, una alfabetización particular, que habitualmente sólo se consigue en las universidades. Bloom asocia la difusión de estas escuelas con la decadencia de la lectura inteligente y es comprensible. Los estudiantes de literatura dedican más tiempo y esfuerzo a leer la bibliografía crítica y asimilar su abstrusa jerga que a la lectura de las obras literarias. Esta jerga pasa rápidamente de moda (como ha sucedido con las categorías del análisis estructural) y el esfuerzo realizado llega a ser inútil. La complejidad léxica suele ser una pantalla para la pobreza conceptual, y los estudiantes y académicos se sienten tan satisfechos de encontrar en toda obra que acometen sememas, rizomas, desterritorializaciones, nudos borromeos, máquinas de guerra y otra pintoresca fauna crítica que ya no están en condiciones de prestar demasiada atención a lo que están diciendo. Además, a partir de este aprendizaje, una conversación entre un crítico iniciado y un mero lector sensible e inteligente se vuelve utópica e imposible.

Otro de los crímenes imperdonables que Bloom atribuye a esta «escuela francesa» es haber proclamado «la muerte del autor», vinculada a la «muerte del sujeto». La noción de autor, sostienen entre otros Roland Barthes y Michel Foucault, es una ficción crítica, una manera cómoda de agrupar textos heterogéneos, dispersos, y fijar su sentido. Formaciones discursivas, dispersiones textuales, y la noción de un lenguaje impersonal, que habla a través nuestro, que nos dice y constituye, son las alternativas que proponen a la figura del autor como dueño y responsable del sentido de sus enunciados. Pocos críticos del siglo XX han proclamado con tanta insistencia como Harold Bloom la idea de que la literatura es básicamente una sucesión de individuos que escriben en estilos individuales, y la dinámica de su angustia de las influencias es siempre la de dos psiquismos enfrentados. Hay pocas nociones más incompatibles con la teoría crítica de Bloom, por tanto, que ésta de la muerte del autor.

CAPÍTULO 4

Los riesgos del resentimiento

Los siete pecados capitales de la «escuela del resentimiento»

En el capítulo anterior intentamos hacer una caracterización de las escuelas críticas a las que Bloom se opone. Veamos ahora cuáles son los principales defectos que les achaca.

- **Producen indefectiblemente lecturas débiles y, lo que es peor, previsibles.** Uno empieza, por ejemplo, a leer una crítica feminista del *Rey Lear* e indefectiblemente *sabe* que se encontrará con una condena de la figura de Lear —por representar al patriarcado—, una excusa para las malvadas hijas Goneril y Regan —su ingratitud hacia su padre se explicará como resistencia ante la autoridad patriarcal y efecto del sometimiento secular de la mujer— y puede adivinar que la hija leal, Cordelia, en lugar de salvadora de su padre, será vista como una víctima sacrificial del egoísmo paterno.

En su *Shakespeare: la invención de lo humano,* Bloom resume así el método de lectura que da como resultado lo que él denomina el «Shakespeare francés»: «En el "Shakespeare francés" el procedimiento consiste en empezar con una postura política completamente propia, muy alejada de las obras de Shakespeare, y localizar luego algún fragmento marginal de la historia del Renacimiento inglés que parezca apoyar esta postura. Con ese fragmento social en la mano, se abalanza uno desde afuera sobre la pobre comedia, y se encuentran algunas conexiones, establecidas como sea, entre ese supuesto hecho social y las obras de Shakespeare.» Bloom señala que una obra literaria se debe leer *de adentro hacia fuera,* sin expectativas previas. La crítica de la «escuela del resentimiento», en cambio, encuentra al final del camino aquello que desde el principio se había propuesto encontrar.

- **Se complacen en leer a contrapelo del sentido manifiesto de la obra.** Si para cualquier lector mínimamente perceptivo del *Rey Lear* el viejo rey es el héroe trágico, Cordelia la heroína y Goneril, Regan y Edmund los villanos, la crítica de la «escuela del resentimiento» se complacerá en demostrar que estamos equivocados y que el autor también lo estaba por estar nuestra visión —y la suya— deformada por ideologías que sirven a los intereses del poder y los grupos dominantes. La noción de «deconstrucción» asociada a la obra de Jacques Derrida suele invocarse como apoyo teórico de una lectura entre líneas o leer los silencios o hacer decir a la obra «otra cosa» de la que dice.

- **Subestiman al lector común.** Son formas de crítica que no trabajan a partir de las percepciones iniciales e intuitivas del lector, elaborándolas y refinándolas, sino que de entrada le plantean que no entiende, que no ve, que está engañado por la ideología a la que pertenece. No basta con leer atentamente la obra, con sentimiento y atención. Esto es especialmente peligroso porque el lector común tiene principalmente una debilidad: su inseguridad. Cree —le han dicho— que no sabe leer, y que los otros —críticos y académicos— leen mejor que él. Estas escuelas críticas fomentan su inseguridad: en lugar de entrenarlo para *confirmar y desarrollar* sus apreciaciones e intuiciones iniciales, lo instan a hacer *tábula rasa* y reemplazar su sentido común por el sentido especial e idiosincrásico que le proponen.

  Una tendencia particularmente enojosa es la de tomar las reacciones negativas del lector como objeto de análisis. Así, si el lector reacciona contra un análisis feminista es por su actitud patriarcal o sus prejuicios misóginos; si cuestiona la validez de un análisis marxista es por su conciencia burguesa, y así sucesivamente. El lector se ve atrapado en la situación del paciente ante el psicoanálisis: las diferencias con el analista y el análisis son invariablemente interpretadas como «resistencia» y convertidas en objeto de nuevas sesiones de análisis.

- **Caen en el culto de lo políticamente correcto.** A pesar de lo que Bloom sostiene, resulta difícil descartar sin más estas formas de crítica cultural *cuando son realizadas por los mismos miembros de las culturas o grupos oprimidos o históricamente marginados.*

Pero la situación se distorsiona cuando son miembros de los grupos dominantes o poderosos los que asumen su dominación como culpa y se proponen expiar sus pecados esforzándose por «no ofender» a las minorías u ofreciéndoles representaciones positivas «forzadas». Surge así una forma de discriminación negativa denominada «corrección política». La corrección política no se propone tanto terminar con la injusticia como disimularla, y en lo discursivo suele resolverse en una práctica sistemática del eufemismo.

- **Desvirtúan la esencia del canon.** Uno de los efectos más manifiestos de lo que Bloom ve como el trabajo de zapa de la «escuela del resentimiento» en EE UU ha sido el establecimiento de «cuotas» literarias. Esto resulta especialmente evidente en las antologías de literatura que se utilizan en las escuelas secundarias y en los programas de lectura de las universidades. Se intenta equilibrar el número de escritores hombres con el de mujeres, o de blancos con negros, hispanos o asiáticos. El resultado es que conviven textos de Hemingway, Jack London y Walt Whitman con los de ignotos escritores chicanos o navajos, que han sido elegidos por su representatividad étnica o genérica más que por su calidad literaria. Al ser colocadas sus obras junto a los de esos gigantes de la literatura se logra el efecto contrario al buscado: el de disminuir, por comparación, el valor de sus textos. En cambio, los textos de los «varones blancos muertos» entran no por su representatividad de grupo sino por su valor estético, y así esta forma de ampliar el canon termina confirmando las injusticias y distorsiones que dice combatir.

- **Son absolutos en un momento y obsoletos al siguiente.** Resulta sintomático el caso de Jorge Luis Borges. En los politizados años sesenta y setenta era desechado por la crítica marxista como reaccionario, antipopular y fantástico, y por la nacionalista como extranjerizante, europeizante y cipayo. Hoy la obra de Borges es celebrada por todos ellos, en muchos casos por los mismos individuos que antes lo repudiaban. Incluso algunas escuelas recientes —como los estudios poscoloniales de orientación marxista que le disputan el campo a la vieja crítica nacionalista de derecha— tienen en Borges a uno de sus héroes.

- **Son soberbios.** Hay una actitud que todas estas escuelas comparten: la soberbia crítica. Hasta principios del siglo XX no había duda de que la crítica literaria era una disciplina auxiliar de la literatura: su objetivo era ayudar a leer los textos literarios, y el crítico adoptaba una actitud de servicio hacia el lector, y de admiración y respeto —a veces rayano en la idolatría— por al autor. Se daba por sentado que el objeto literatura siempre excede a lo que la crítica pueda decir de él. La «escuela del resentimiento» parece en cambio empeñada en enseñarle al autor una lección. ¿Acaso este tipo se cree mejor que yo?, parece ser la pregunta implícita con que acometen la lectura de una obra. La utopía de una crítica literaria pura, sin literatura, parece ser uno de los componentes de su imaginario. Otro, la idea de que crítica y literatura son dos objetos discursivos del mismo nivel. Incluso algunos hasta sostienen la idea de que llegará un momento en que la crítica pueda leerse como literatura sin más.

Los principios de la lectura literaria

Harold Bloom parece empeñado en la tarea de poner las cosas de nuevo en su lugar: devolver a los autores a su panteón y bajar a los críticos a la tierra. Asumiendo la postura de quien se empeña en devolver la cordura a un mundo que ha perdido la razón, Bloom se propone recuperar ciertos postulados básicos del sentido común:

- **Las grandes obras literarias del canon son buenas por mérito propio.** El canon no es una mistificación: si a lo largo de las épocas y los cambios culturales ciertas obras siguen teniendo un lugar central es por su valor intrínseco. Ninguna conspiración puede ser tan poderosa ni duradera.

- **El criterio principal –quizá el único– para valorar una obra literaria debe ser el estético.** Resulta difí-

cil decir en qué consiste el valor estético: esta dificul-
tad puede ser una de las causas de la premura con la que
los críticos lo abandonan por criterios más manejables
(corrección política, pautas morales, representaciones
positivas de minorías, representatividad de clases o culturas excluidas). Joyce aporta la idea de que la emoción
estética es estática, a diferencia de la emoción erótica (o
pornográfica), y la didáctica (moral o política) que impulsan al lector a *hacer* algo, a adoptar cierta conducta:
masturbarse o reformar la sociedad. Oscar Wilde, en su
prefacio a *El retrato de Dorian Gray,* sostiene que «*all
art is quite useless*» (el arte no sirve para nada). Nabokov
sitúa la emoción o deleite estético en el erizamiento de
los pelillos de la nuca: es algo que se siente, o no, y
punto. Borges define al hecho estético como «la inmi-
nencia de una revelación que no se produce» vinculán-
dolo así a la experiencia mística. Lo cierto es que la
grandeza estética y cognoscitiva puede ser bastante difícil de definir, pero es bastante fácil de reconocer. Entre los lectores cultos, sólo los críticos suelen confun-
dirse al respecto.

- **Si hay algo que enseña la literatura es que en el
lenguaje común están todas las palabras necesarias
para hablar sobre cualquier tema.** Una crítica literaria que no ya un lector culto, sino ni siquiera un *escritor* culto pueda leer sin hacer un curso previo es un
despropósito. Si para algo sirve la literatura es para
mostrar que el lenguaje común, bien utilizado, es sufi-

ciente para decirlo todo y hace innecesaria la prolifera-
ción de las jergas profesionales con su consiguiente división entre iniciados y legos. La literatura, incluso la
llamada a veces elitista, es, en términos lingüísticos,
esencialmente democrática.

- **En última instancia, la literatura vive o muere con
el lector común.** No hay motivo para que la crítica es-
cape a esta regla. La utilidad de la crítica se define por
su servicio al lector común, no por su rechazo. Esto no
quiere decir que el lector común pueda ser cualquiera:
para Bloom, el placer de la lectura es siempre un placer
difícil y elitista. El lector debe tener una educación, un
entrenamiento literario y tiempo de ocio. Sin embargo,
ya es bastante difícil reunir todas estas condiciones
como para que estas escuelas críticas le agreguen la exi-
gencia de un entrenamiento crítico específico.

El psicoanálisis, ¿resentido o no?

La detracción que Bloom
lleva a cabo, es preciso decirlo, es más idiosincrásica que sistemática. Porque si de análisis reduccionistas se trata, ningún ejemplo mejor que la crítica psicoanalítica, que reduce
la literatura a los traumas de infancia o a los traumas neu-
róticos, o a implícitos juegos de palabras que estarían ocul-
tos en la superficie del significante pero que frecuentemente sólo existen en la mente del analista. Y si de jergas se
trata, pocas formas discursivas en la historia de la humani-
dad pueden competir en hermetismo con la escuela lacania-
na. Desde sus comienzos, Bloom fue un admirador del psi-

coanálisis, que resulta esencial en la constitución de su modelo crítico. Pero siempre es Freud y cada vez menos Lacan su marco de referencia, y en *El canon occidental* los lacanianos son finalmente metidos en el mismo saco que los otros «resentidos».

Pero hay otro motivo por el que Bloom no pierde su inicial simpatía por el psicoanálisis: no es una escuela de lectura axiológica. No utiliza categorías valorativas, no divide a las obras en conscientes e inconscientes, o las acusa de ser superyoicas: en otras palabras, no es moral o axiológico. Pero sí es, indudablemente, soberbio: de hecho, la crítica literaria freudiana trata a toda la tradición de la literatura occidental —incluido Shakespeare— como un balbuceo tentativo de lo que Freud finalmente articulará con claridad. La crítica psicoanalítica sienta así un precedente de soberbia para toda la crítica literaria posterior del siglo XX.

Suele, además, caer en la costumbre de analizar al autor a través de la obra —como si la obra fuera el complejo síntoma de una enfermedad— en lugar de la obra en sí. Aun así, Bloom no la convierte en blanco de sus iras. Vladímir Nabokov, en cambio, cuyo desprecio hacia las escuelas de la crítica recuerda en muchos aspectos al de Bloom, solía hablar de Freud como «el medico brujo vienés» y tenía siempre al psicoanálisis como su bestia negra, por encima incluso del detestado marxismo.

Pecados de juventud. También hay que decir que por momentos da la sensación de que Bloom, al enfrentarse al enemigo, está expiando pecados de juventud. Después de todo, hay pocos modelos críticos del siglo XX más reductivos, e inaccesibles al lector común, que la abrumadora combinación de gnosticismo, cábala y psicoanálisis freudiano que rige las lecturas de la literatura en libros suyos como *La angustia de las influencias* y *Poesía y represión*. No resulta casual, en ese sentido, que el momento en que Bloom constituye ese objeto platónico denominado «escuela del resentimiento» y vuelca sobre él su ira crítica coincida con el momento en que su obra se dirige a un público masivo y se hace comprensible para el lector común.

Por su cerrada defensa del canon occidental y su pertinaz oposición a marxistas, feministas y poscolonialista es habitual situar a Harold Bloom a la derecha del pensamiento crítico moderno. Pero esta adscripción peca de facilismo. A lo largo de toda su carrera Bloom ha perseguido la cegadora luz de lo sublime; tarea que, como él bien sabe, está condenada de antemano al fracaso, ya que lo sublime puede *experimentarse* en la visión mística o, en contadas ocasiones, *evocarse* por medio de la intensidad de la palabra poética, pero nunca describirse o explicarse. La literatura está a sus anchas cuando se encuentra con algo más grande que ella; «lo inalcanzable» es el medio natural de su modo sublime, y por eso —más que la filosofía o la ciencia— se atreve a competir con la religión.

La ambición última del gran poeta —lo dijeron Keats y Borges, entre otros— es la de desaparecer en su escritura, fundirse con eso que lo abarca y lo supera. La ambición de la crítica es antitética: quiere poseer a su objeto, dar cuenta de él, abarcarlo en las redes de su lenguaje. Toda crítica tiende así al reduccionismo, y cuando advierte que su objeto la excede la reacción puede ser de frustración, y la frustración, repetida, puede llevar al resentimiento. Si algo hay que agradecer a Bloom es haber puesto nuevamente en primer plano la humildad de la crítica, tan vapuleada a partir del surgimiento de la crítica marxista y psicoanalítica.

CAPÍTULO 5

En defensa del canon

¿Un canon o varios?

El canon occidental es un libro voluminoso (cerca de 600 páginas en la edición original) y su propósito declarado es defender el canon de la literatura occidental del ataque de la «escuela del resentimiento». Para llevar a cabo esta empresa Bloom selecciona a 26 autores representativos de la literatura occidental moderna (es decir, desde Dante en adelante): Dante, Chaucer, Montaigne, Shakespeare, Cervantes, Molière, Milton, Samuel Johnson, Goethe, Wordsworth, Jane Austen, Walt Whitman, Emily Dickinson, Dickens, George Eliot, Tolstói, Ibsen, Freud, Proust, Joyce, Virginia Woolf, Kafka, Neruda, Borges, Pessoa y Beckett; y analiza las características que hacen esenciales o imprescindibles sus obras. Al final del libro incluye la lista «completa» de autores y obras canónicas: un inventario del canon occidental desde la Antigüedad hasta nuestros días.

Canon, canónico y canonización. El **canon** es, básicamente, un conjunto orgánico o articulado de libros que deben ser leídos por su valor estético. Pero además, las características de estos libros, abstraídas de las obras concretas, se convierten en una serie de reglas o principios de cómo escribir —cómo transcribir en palabras escritas el habla, el pensamiento y los sentimientos, cómo representar la realidad humana y no humana, cómo crear personajes convincentes— y de cómo leer. El canon se convierte así en una fuente de autoridad, y de los libros **canónicos** se derivan principios canónicos de escritura y lectura.

A medida que el canon se modifica, también lo hace lo canónico, que puede variar de una época a otra, si bien hay principios estables: por ejemplo, Bloom sostiene que Shakespeare es un autor canónico desde ahora y para siempre; así, lo canónico que definen sus obras será válido mientras exista la literatura occidental. El proceso de modificación del canon se produce sobre todo por la incorporación de nuevos autores al canon, o **canonización**.

No habría, para Bloom, un proceso inverso de descanonización: una vez que un autor ha sido incorporado al canon no se le puede sacar por la fuerza. Sí, en cambio, se da el caso de autores recientes o contemporáneos que son incorporados al canon tentativamente, «a confirmar». Bloom dice que hacen falta al menos dos generaciones para confirmar el carácter canónico de un autor. Por analogía con los procedimientos eclesiásticos podríamos hablar, en estos casos, de autores «beatificados» que esperan su turno para ser canonizados. Con el paso del tiempo, algunos autores más antiguos son olvidados y «caen» fuera del canon.

Canon occidental y oriental. La idea de canon no implica una mera lista, un depósito donde la historia de la lectura atesora sus monumentos. La idea de canon implica un desarrollo orgánico, una serie de libros que engendran otros libros. En ese sentido, Bloom describe dos grandes ramas o linajes en la cultura humana: la occidental y la oriental. Partiendo de los orígenes de la literatura china no se llega a Shakespeare o a Joyce; como tampoco se llega a los poetas japoneses Bash e Issa partiendo de la poesía griega de Píndaro y Safo. Eso no quiere decir que no haya préstamos mutuos: así, Bloom incluye en su lista del canon occidental obras del Cercano Oriente, como el *Cantar de Gilgamesh, El libro egipcio de los muertos,* la Sagrada Biblia y el Corán; o incluso de la India, como el *Mahabharata* y el *Ramayana*, pues ambas han tenido una influencia decisiva en la literatura occidental *desde sus comienzos:* los textos egipcios y de la India, por ejemplo, en la cultura y literatura griegas; y la Biblia a partir del cristianismo temprano. Pero las dos líneas mantienen su identidad separada hasta el siglo XIX, cuando los procesos de colonización exportan la cultura occidental a Oriente, con el consiguiente e inmediato reflujo de la cultura oriental sobre la occidental. Los autores modernos de África y del Cercano Oriente, así como la literatura angloindia (es decir, escrita en inglés), también son incluidos por Bloom en su lista final de autores representativos del canon *occidental*.

En la actualidad es posible hablar de un canon mundial en formación. Debido a las traducciones y al impulso editorial, Oriente lee a Occidente y viceversa. Cada vez es más difícil separar ambas tradiciones. Una medida de la fuerza canónica, dice Bloom, es el poder de contaminación de una obra o autor. Un autor chino, japonés o mongol actual difícilmente escribirá libre de la influencia de Shakespeare, Cervantes, Kafka o Borges (estos dos últimos, especialmente, han tenido el poder retrospectivo de convertir la vasta y desconocida literatura china en precursora suya). Los poetas occidentales del siglo XX, por su parte, han sido en su gran mayoría marcados por la influencia del *haiku* japonés.

Canon y cánones. Hay, dentro del canon occidental, otras divisiones. Por un lado, están los cánones nacionales: el italiano, el francés, el español, el inglés, el irlandés, el estadounidense, el mexicano... También se pueden agrupar las obras por su lengua: así, el canon de la lengua inglesa incluiría obras inglesas, irlandesas, estadounidenses, canadienses, australianas, y las africanas, antillanas y de la India escritas en inglés... Después está el canon escolar: las obras que siempre se incluyen en los programas oficiales y en los manuales de enseñanza primaria y secundaria; el canon universitario, el editorial (las obras que aparecen en las colecciones de entrega semanal estilo «grandes obras de la literatura universal»), etc.

Bloom aboga por un canon universal, pero es evidente su prejuicio a favor de la literatura en lengua inglesa: de los 26 autores seleccionados en primera instancia, 13, es decir la mitad, escriben en ella. Este prejuicio es inevitable: si *El canon occidental* hubiera sido escrito por un francés, el número de autores franceses sería mucho mayor que el de ingleses.

Basta con un examen somero de la lista de los premios Nobel de literatura para comprobar el casi risible predominio en ella de autores escandinavos todavía hoy ignotos en el resto del mundo.

Por otra parte, una ojeada somera a la lista de Bloom da algo de razón a los críticos poscoloniales. A un autor de los países centrales le basta estar incluido en el canon nacional para pasar «automáticamente» al canon universal: así, Cervantes, Lope de Vega, Quevedo, Góngora y Calderón en el caso de la literatura española y universal. En cambio, los países dependientes o periféricos pueden tener libros canónicos —más aún, libros que ocupen el centro del canon nacional— que son olímpicamente ignorados por la gran «tradición occidental»: es el caso del *Facundo* y el *Martín Fierro* en la literatura argentina, o de *Los sertones* y *Gran sertón: veredas* en la brasileña.

Según pasan los años

El canon y el paso del tiempo. También es evidente e inevitable otra asimetría. El canon muestra preferencias por los autores más recientes. Así, la lista de autores canónicos del siglo XX de *El canon occidental* incluye más autores que la suma de los de la Antigüedad clásica y el medievo. Esto es hasta cierto punto un proceso natural: por un lado, así como sentimos preferencia por nuestros compatriotas —nos sentimos «más cerca»— también la sentimos por nuestros contemporáneos. Por otro, los autores antiguos tuvieron su oportunidad, han pasado la prueba de los siglos, y muchos que parecían canónicos en su momento fueron dejados de lado por la lectura y la escritura posteriores. Los autores actuales, en cambio, todavía esperan el veredicto del tiempo: muchos que hoy parecen imprescindibles serán quizá olvidados, y algunos olvidados en su momento serán incorporados. Pocos contemporáneos de Kafka —con la notable excepción de su amigo Max Brod— hubieran apostado siquiera por su supervivencia, y mucho menos por su centralidad en el canon moderno. En ese sentido es sintomático que al llegar a los autores de nuestro siglo Bloom titule su lista «una profecía canónica», y aclare que muchos de los autores que incluye serán seguramente olvidados en una generación o dos.

El canon y la longevidad del lector. Hay una ley de hierro que actúa sobre esta lógica de inclusiones y exclusiones. La medida de la extensión del canon debe ser humana: es la medida de la vida útil del lector. El canon debería incluir sólo las obras que un lector culto y con tiempo disponible pudiera leer en el curso de su vida. La idea de Bloom es ayudar a este lector a que no pierda tiempo leyendo obras menores, y que dedique toda su energía a las obras esenciales del canon.

Si los hombres fueran inmortales, o si se reencarnaran y pudieran recordar sus vidas (y lecturas) pasadas, o si quien leyera fuera la comunidad y no el individuo, entonces no habría límites a la extensión del canon. Éste podría ser meramente acumulativo: cada época agregaría sus obras a la lista de las anteriores, respetando las elecciones hechas en el pasado. Pero la realidad es otra: el canon está cada vez más superpoblado. La superpoblación actual hace que el antiguo ideal de «una lista de obras que un lector culto pueda leer en el curso de su vida» sea cada día menos aplicable. Para incluir nuevas obras, lamentablemente, hay que expulsar a algunas de las que nos han sido legadas por el pasado.

Esta ley del canon evoca ciertos angustiantes motivos borgianos: el de la biblioteca de Babel, que contiene *todos* los libros posibles, pero poblada por bibliotecarios —lectores— mortales, que se desesperan ante la imposibilidad de leer siquiera un mínimo fragmento de esta vastedad; o la fantasía complementaria del inmortal —en el cuento del mismo nombre— que en teoría tendría tiempo de leer y escribir todos los libros, pero que se va olvidando de ellos con el paso de los siglos, no recordando, incluso, que alguna vez él fue Homero y escribió la *Ilíada* y la *Odisea*.

La angustia del lector culto frente a un canon que no deja de crecer con el paso de los siglos obliga a este rígido principio de darwinismo literario: sólo los más fuertes pueden sobrevivir. Dentro de 500 años, de lo que hoy nos parece la inagotable variedad del siglo XX, los lectores del futuro leerán únicamente —si las profecías se cumplen— a Proust, Joyce y Kafka. El resto —Beckett, Borges y Neruda incluidos— habrán pasado a la categoría de escritores menores y olvidables del siglo XX.

Canon y agonística. Bloom señala repetidamente que el canon no es una mera lista o depósito, sino un conjunto orgánico de obras interconectadas: todo canon es un intercanon.

¿Cuál es el principio que vincula las diferentes obras del canon entre sí? Sin duda, el de la agonística descrita a fondo en *La angustia de las influencias*. Virgilio reescribe a Homero, Dante se traga entero a Virgilio, Shakespeare deglute a Marlowe, Milton lucha con Shakespeare como Jacob con el ángel, Wordsworth se desespera ante la sublime grandeza de Milton, Eliot se abraza a los poetas metafísicos para reprimir la aplastante influencia de Wordsworth, Baudelaire se enamora de Poe para desprenderse de Racine y Corneille...

El canon es el resultado de estos grandes duelos individuales, y el mapa del canon es un mapa de conquistas logradas. De hecho, el botín de estas luchas es la canonización o inmortalidad literaria. Los combates canónicos son luchas a muerte, con esta salvedad: si el efebo alcanza la victoria, ambos, efebo y precursor, sobreviven. El *agon* literario no se parece tanto a la lucha entre dos gladiadores romanos como al combate entre un héroe y un dios, o un hombre y un ángel: es decir, un inmortal y un mortal que aspira a la inmortalidad.

¿Quiénes definen el canon?

Los mandamases del canon. ¿Quién decide qué obras entran y qué obras salen del canon? O, de las incluidas a título tentativo, ¿cuáles se confirman y cuáles no? El materialismo cultural suele tener una respuesta inmediata: quienes deciden son las instituciones, o en terminología althusseriana, los aparatos ideológicos del Estado —escuela y universidad—, y el mercado: las editoriales y los medios de comunicación.

Cierto liberalismo democratizante e idealizante ofrece una respuesta alternativa: son los lectores —sobre todo los lectores comunes— quienes eligen libremente las obras mejores, y las decisiones sociales (escuela, mercado) se hacen eco de estas preferencias del lector individual.

La respuesta de Bloom es otra y distinta de ambas. «No son los críticos quienes hacen los cánones», afirma tajantemente. Quienes hacen el canon son, pura y exclusivamente, los otros escritores. El proceso de formación del canon auténtico —a diferencia de los cánones espúreos de las academias, resentidas o no— es indistinguible del proceso de la influencia literaria: el canon *es* la red de las influencias literarias. Un escritor se confirma como canónico cuando en cada nueva generación hay escritores fuertes que para hacerse un lugar en el canon deciden —o aceptan— que deben luchar precisamente con él y no con otro. Si los poetas nuevos dejaran de elegirlo estaría acabado y saldría fuera del canon. Cuando han pasado varias generaciones que no sienten su influencia, el poeta en cuestión puede ser tachado del canon verdadero, es decir activo.

El canon de los escritores se diferencia por ser un canon activo, a diferencia del canon de las instituciones educativas, que puede ser pasivo o muerto porque se basa en la lectura compulsiva. En ese sentido, hay textos canónicos que sólo lo son porque escuelas y universidades obligan, generación tras generación, a sus alumnos a leerlos. El *Beowulf* en Inglaterra, *La Chanson du Roland* en Francia y *Cantar del Mío Cid* en España podrían ser candidatos tentativos para esta categoría.

Esta idea de un canon definido por los escritores tiene la ventaja de ofrecer un criterio objetivo para la identificación de los libros canónicos. A cualquier crítico se le puede ocurrir, de repente, que debemos leer obras olvidadas como *Amadís de Gaula* y la *Diana* de Montemayor, y escribir un libro exponiendo sus argumentos. También puede llegar a ser ministro de Cultura y colocarlos en los programas oficiales de enseñanza. La idea de un canon definido por los otros escritores *en su escritura misma* —en su poesía, drama o ficción antes que en sus artículos críticos o en entrevistas— permite en cambio evadir la canonización caprichosa y compulsiva. Supongamos que queremos determinar si el *Amadís* o la *Diana* son o no canónicos. Comprobamos que desde Cervantes ningún escritor ha modelado su escritura *directamente* sobre el *Amadís* o la *Diana*. No tendría sentido, ya que *El Quijote* los ha absorbido. El *Amadís* y la *Diana,* entonces, ya no son canónicos. Zanjada la cuestión.

Por eso mismo, toda opinión *crítica* sobre el valor de los escritores actuales sólo puede hacerse a título de profecía, cuyo cumplimiento —o no— sólo podrá establecerse cuando dos o más generaciones de nuevos *escritores* hayan acusado —o no— su influencia.

Se trata, en última instancia, de una cuestión de **vitalidad** literaria, y la vitalidad de un autor u obra se mide por su capacidad de influir sobre otros; Homero y los trágicos griegos son más vitales que Hesíodo, Longino y Luciano porque más obras los han retomado y los siguen retomando: todo el siglo XX está plagado de reescrituras de *Odisea, Edi-*

po rey o *Antígona,* tendencia que no da señales de mermar en el nuevo siglo.

Canon y relectura. Hay, de todos modos, un test de canonicidad para los simples lectores. Bloom lo plantea de manera sencilla: «Una antigua prueba para saber si una obra es canónica sigue vigente: a menos que exija una relectura, no podemos calificarla de tal.» Italo Calvino, en su ensayo *Por qué leer a los clásicos,* arriesga la idea de que cuando se trata de un clásico no hay diferencia entre leer y releer: porque cuando uno lee a un clásico por primera vez *ya lo conoce,* porque el libro existe en la memoria popular, en la cultura de masas, en las lecturas de otros libros. «Toda relectura de un clásico es una lectura de descubrimiento como la primera», señala Calvino, y agrega: «Un clásico es un libro que nunca termina de decir lo que tiene que decir.»

Canon, tradición y memoria. La noción de canon se parece a la de tradición literaria en que ambas se refieren a la *memoria* literaria del paso de las generaciones. Se diferencian fundamentalmente en que el canon es una serie de *obras* literarias, y la tradición es una serie de *recursos* o *procedimientos* literarios. La noción de memoria introduce una distinción importante: a veces se habla de la tradición o el canon como el sedimento literario dejado por el paso de las generaciones. Esta metáfora geológica no podría se más desafortunada: un sedimento, una vez depositado, no se modificada con los sedimentos posteriores: lo que el pasado ha dejado es inalterable, y el presente sólo añade una nueva capa de sedimentación a las ya existentes. La realidad en la literatura es otra: el canon y la tradición son recreados íntegramente en cada generación de escritores: éstos deben releer y reescribir a todos los autores del canon para confirmar su lugar canónico. Como hemos visto, si durante varias generaciones un autor no es retomado por otros escritores, pierde su lugar en el canon, queda fuera.

De manera similar se distinguen nuestro pasado efectivo y nuestra *memoria* del pasado. La memoria siempre tiene lugar en el presente, y su función es, precisamente, modificar nuestra imagen del pasado para hacerla compatible con nuestra imagen del presente y nuestras perspectivas futuras. Cuando nos recordamos, siempre somos nosotros; se refuerza nuestra identidad. Cuando nos encontramos con un registro material del pasado (una foto, una carta, un diario, una filmación), la sensación que nos suele acometer es la de extrañamiento: ¿ése soy yo? ¿Yo escribí esto? ¿Yo pensaba esto?, como dramatiza de forma inolvidable *La última cinta,* de Samuel Beckett.

A lo largo de nuestra vida somos muchas personas, y la memoria es la encargada de modificar esas personas para que se parezcan lo más posible a la que somos ahora. Si la memoria nos falla, como le sucede al inmortal de Borges, nuestro pasado se convierte en el pasado de otro. El canon literario funciona de la misma manera: no es una lista de obras hecha en el pasado que el pasado nos lega y que nosotros estamos obligados a aceptar. Es una lista de obras que nosotros hacemos en el presente, que incluye las obras que creemos valioso recordar. Lejos de ser un peso de los muertos sobre los vivos, y del pasado sobre el presente, el canon es el presente modificando el pasado, devolviendo el regalo de la vida a los que de no ser por nosotros ya no la tendrían. Por eso, Bloom define al canon como el arte de la memoria literaria sin más.

Jorge Luis Borges en su ensayo «Sobre los clásicos» afirma algo similar: «Las emociones que la literatura suscita son quizá eternas, pero los medios deben variar constantemente, aunque sea de un modo levísimo, para no perder su virtud. Se desgastan a medida que los reconoce el lector. De ahí el peligro de afirmar que existen obras clásicas y que lo serán para siempre... Clásico no es un libro que necesariamente posee tales o cuales méritos; es un libro que las generaciones de los hombres, urgidos por diversas razones, leen con previo fervor y con una misteriosa lealtad.»

Los defensores del canon por las razones equivocadas. Los críticos de Bloom suelen acusar a su posición de conservadora o tradicionalista, y eso puede admitirse desde el punto de vista estético. Lo que resulta aventurado es acusarla de derechista desde el punto de vista político. Es verdad que Bloom suele denostar a marxistas, foucaultianos y otros críticos asociados con la izquierda. Esto no implica una oposición a la izquierda *per se,* sino a su tendencia a colocar las consideraciones políticas por encima de las estéticas a la hora de juzgar el valor de una obra literaria. En el panteón crítico de Bloom, William Hazlitt, un radical defensor de la Revolución francesa, ocupa uno de los lugares más altos, y también tiene en alta consideración a William Empson, crítico marxista del siglo XX, pues «su interés primordial seguía siendo estético... jamás se sintió tentado a reducir *El paraíso perdido* a una interacción de fuerzas económicas».

Cuando opina sobre política, Bloom se coloca siempre en contra de la derecha y del fundamentalismo cristiano de EE UU. Tampoco hay en Bloom posturas conservadoras aristocratizantes como las de T. S. Eliot. Como hemos señalado, Bloom comienza su carrera oponiéndose a la escuela crítica de Eliot y admite, y hasta defiende, el carácter elitista de los estudios literarios, pero éste es un elitismo más de la mente que de la cuna y la casta.

Cuando sostiene que el valor literario es independiente del moral, lo aplica tanto a los valores morales de la derecha como a la izquierda. Así, trata de diferenciarse de quienes, como él, defienden el canon occidental, pero por razones equivocadas. Según sus palabras: «La manera más estúpida de defender el canon occidental consiste en insistir que encarna las siete virtudes morales que componen nuestra supuesta gama de valores normativos y principios democráticos. Eso es palmariamente falso... La *Ilíada* muestra la incomparable gloria de una victoria armada, mientras que Dante se recrea en los eternos tormentos que sufren sus enemigos personales... Los más grandes escritores occidentales subvierten todos los valores, tanto los nuestros como los suyos.»

La utilidad de la lectura. ¿Qué leer entonces? Según Bloom, para las «escuelas del resentimiento» la respuesta tiene que ver con la utilidad social o el valor moral. Leer nos convertirá en mejores personas o mejores ciudadanos. Por tanto, deben ser preferidas las obras que encarnen valores positivos o critiquen valores negativos. Leer por el solo hecho de leer, por el placer solitario de la lectura, sería una actitud egoísta y antisocial. La medida de la lectura, y en consecuencia de la escritura, radica en hasta qué punto nos ayuda a convertirnos en mejores miembros de la sociedad.

Como señala insistentemente Bloom, esto ha llevado a una situación en la cual obras mediocres desde el punto de vista literario, como *La cabaña del tío Tom* y *Meridian* de Alice Walker, han reemplazado, en los programas de lectura de escuelas y universidades, a las genuinas obras canónicas, moralmente más ambiguas, incómodas, difíciles y elitistas. Pero si la literatura no sirve para ayudar a hacer mejor este mundo, ¿cómo se justifica? ¿Para qué sirve? En *El canon,* Bloom ensaya una respuesta:

> «*El estudio de la literatura, por mucho que alguien lo dirija, no salvará a nadie ni mejorará a la sociedad. Shakespeare no nos hará mejores, tampoco nos hará peores, pero puede que nos enseñe a oírnos cuando hablamos con nosotros mismos. Por consiguiente, puede que nos enseñe a aceptar el cambio, en nosotros y en los demás, y quizá la forma definitiva de ese cambio: para nosotros, Hamlet es el embajador de la muerte, quizá uno de los pocos embajadores jamás enviados por la muerte que no nos miente acerca de nuestra inevitable relación con ese país ignoto. La relación es del todo solitaria, a pesar de todos los obscenos intentos de la tradición por socializarla.*»

«*Si leemos el canon occidental con la finalidad de conformar nuestros valores sociales, políticos, personales o morales, creo firmemente que nos convertiremos en monstruos entregados al egoísmo y la explotación. Leer al servicio de cualquier ideología, a mi juicio, es lo mismo que no leer nada. La recepción de la fuerza estética nos permite aprender a hablar de nosotros mismos y a soportarnos. La verdadera utilidad de Shakespeare, de Cervantes, de Homero o de Dante, de Chaucer o de Rabelais, consiste en contribuir al crecimiento de nuestro yo interior. Leer a fondo el canon no nos hará mejores o peores personas, ciudadanos mas útiles o dañinos. El diálogo de la mente consigo misma no es primordialmente una realidad social. Lo único que el canon occidental puede provocar es que utilicemos adecuadamente nuestra soledad, esa soledad que, en su forma última, no es sino la confrontación con nuestra propia mortalidad.*»

Los autores canónicos de Bloom

Las cuatro edades del canon. El filósofo italiano Giambattista Vico consideraba la historia humana como una serie de ciclos en cuatro tiempos. En su sistema, todo comienza con una Edad Cateocrática, en la que los hombres se separan de la naturaleza venerando a Dios (cuya primera manifestación es la voz del trueno) y creando el lenguaje y la cultura. A la Edad Teocrática le sigue la Aristocrática, dominada por la figura de grandes hombres o héroes. Luego sobreviene la Edad Democrática, a la que sucede un desorden o caos —la cuarta edad, la Edad Caótica— que sólo puede ser reordenado por una nueva Edad Teocrática, que no será de todos modos igual a la primera: la historia no traza un círculo, sino más bien una espiral: la concepción de Vico combina así las dos nociones temporales predominantes: la oriental o circular (que aparece también en Pitágoras, Platón y Nietzsche), y la lineal u occidental. Joyce tomó el esquema viconiano para estructurar su caótico libro de sueños, el *Finnegans Wake*. Gracias a Joyce, los conceptos de Edad Teocrática, Aristocrática, Democrática y Caótica (el *ricorso* o vuelta a comenzar) se han vuelto ineludibles en la crítica literaria, la filosofía y la historia, tanto que Bloom puede tomarlos como modelo natural para ordenar su lectura de las edades de la literatura occidental.

Bloom se salta en su estudio la Edad Teocrática, que abarca los antiguos textos sumerios y egipcios, la Biblia, Homero, Platón, los dramaturgos atenienses, Virgilio, el Corán y la Edad Media europea. Su capítulo sobre la Edad Aristocrática se ocupa de Dante, Cervantes, Chaucer, Shakespeare, Milton, Montaigne, Molière, Samuel Johnson y Goethe. La Edad Democrática abarca sobre todo el siglo XIX: los autores que elige son Wordsworth, Jane Austen, Dickens, George Eliot, Tolstói, Ibsen, Emily Dickinson y Whitman. Finalmente, se ocupa de la Edad Caótica, cuyos autores centrales son Freud, Joyce, Proust y Kafka, a los que Bloom añade en su estudio a Virginia Wolf, Borges, Neruda, Pessoa y Beckett.

Los libros que usted no puede dejar de leer. *El canon occidental* concluye con una serie de apéndices que presentan las listas de libros esenciales de la literatura occidental, desde el

Cantar de Gilgamesh hasta las novelas de Thomas Pynchon y Don DeLillo. La lista también está ordenada por el esquema viconiano-joyceano, y desde la publicación del libro fue la principal fuente de conflictos y controversias, ya que mucha gente encontró razones para criticar a Bloom por haber incluido ciertos libros y excluido otros.

En la lista predominan, como era previsible, los *dead white males,* pero es necesario admitir que no sólo figuran los europeos y norteamericanos: los escritores latinoamericanos del siglo XX, por ejemplo, ocupan un lugar importante. Lo que llama la atención no son tanto las exclusiones e inclusiones puntuales, sino los casos en los que forman *sistema.* Así, de la lista de autores estadounidenses de la Edad Caótica están totalmente excluidos, como hemos visto, los autores *beat* —Kerouac, Ginsberg y Burroughs—, los autores de novela negra —Hammett y Chandler— y de ciencia ficción —Lovecraft y Philip K. Dick entre otros—, es decir, los asociados a la contracultura o la cultura de masas, los tradicionalmente marginados por la crítica académica estadounidense y elogiados sin reservas por la crítica académica del resto del mundo. De todos modos, la controversia llevó a Bloom a abjurar de esta lista final:

«*Lamento lo de la lista de autores canónicos que está al final del libro. Fui presionado por el editor y mi agente, quienes querían incluir algo que llamara la atención y vendiera. Resistí hasta donde pude y luego la hice de memoria, sin consultar nada, ésa fue mi manera de protestar. Pero el resultado fue que hubo muchas lamentables omisiones, y que en muchos países como en*

España, lo reseñado y criticado fue la lista, en lugar del libro. Si pudiera extirpar la lista del original y de todas las traducciones lo haría, pero me temo que ya es tarde. Me puse muy contento de ver que ésta no fue incluida en las ediciones sueca e italiana. Así que no quiero hablar de la lista, que repudio por completo» [4].

---

4   Entrevista citada.

CAPÍTULO 6

Freud y Joyce contra Shakespeare

El mejor escritor de todos los tiempos

¿Dante o Shakespeare? ¿Quién es el mejor escritor de todos los tiempos, pasados y futuros? O, para formular la pregunta en términos de *El canon occidental,* ¿quién ocupa y ocupará siempre el centro del canon? Hay dos candidatos fuertes: Dante y Shakespeare. En términos de influencias literarias ambos han sido los autores que más han influido sobre un mayor número de escritores, al mismo tiempo que han sido capaces de absorber a sus precursores y resistir la absorción por parte de sus sucesores. En otras palabras, Dante y Shakespeare son los únicos autores autónomos del canon. En cuanto a las características de sus obras, Bloom señala tres criterios decisivos en los que superan a todos los demás autores de la tradición occidental: agudeza cognitiva, energía lingüística y poder de invención.

Puesto a decidir entre ambos, Bloom no parece dudar. Shakespeare no sólo ocupa el centro del canon: Shakespeare *es* el canon, y su obra nos provee el modelo pasado, presente y futuro de lo canónico. ¿En qué aventaja Shakespeare a Dante? Sobre todo, en variedad: el mundo de Dante es completo, pero no infinito: es un sistema cerrado y ordenado, y uno puede, eventualmente, trazar su circunferencia, decir «así es el mundo de Dante, éstos son sus valores, éste es su orden». El mundo de Shakespeare es, en cambio, infinito e inagotable. En palabras de Borges: «Nadie fue más hombre que este hombre, que a la manera del egipcio Proteo pudo agotar las apariencias del ser.» El mundo de Shakespeare no tiene límites porque sigue expandiéndose en el presente: agota las apariencias del ser de su época y de las épocas futuras. El mundo de Shakespeare contiene al nuestro en lugar de estar contenido en él. Podemos llegar a un juicio definitivo sobre los personajes de Dante: de hecho, la obra de Dante es un vasto y minucioso juicio universal y cada personaje es colocado en un nivel preciso del Infierno, el Purgatorio o el Paraíso. Dante juzga por nosotros y si no aceptamos su juicio nos quedamos afuera de su obra. Shakespeare, en cambio, nos ofrece múltiples perspectivas sobre cada personaje y sobre el valor de sus actos. No hay *una* perspectiva religiosa, moral, política o filosófica que rija el mundo de Shakespeare, no hay un sistema de valores unificados. Al decir de Joyce, es como Dios: es todo en todos nosotros. La justificación de la vida humana es, en Dante, siempre *trascendente:* la otra vida es la que cuenta. De su vasta obra, apenas los cantos I y II del Infierno transcurren en nuestra Tierra, el resto sucede casi entero en el más allá. En la obra de Shakespeare la vida terrena aparece en toda su variedad porque la vida, en Shakespeare, se justifica en su *inma-*

nencia, en sí y por sí misma. En este sentido, su personaje emblemático es el sir John Falstaff de *Enrique IV*, un individualista e ironista que se burla de todo dogma y moral social, un vitalista que predica la justificación de la vida por la vida misma. Quizá su momento más representativo sea cuando, en el último acto de *Enrique IV*, Parte I, medita sobre el cadáver de sir Walter Blunt, un caballero muerto honorablemente al dar la vida por su rey: «No me gusta nada ese honor sonriente de sir Walter. Que me den la vida, si la puedo conservar; si no, el honor llegará sin buscarlo, y fin.» En la misma obra había advertido a su compañero de juergas, el príncipe Hal, que amenaza con desterrarlo cuando sea rey: «Si destierras al voluminoso Jack, destierras al mundo entero.»

Shakespeare como centro del canon. Shakespeare no sólo es el centro del canon; es el canon, sin más. Shakespeare es, según dice Bloom, la roca sobre la cual naufragará la escuela del resentimiento: hagan lo que hagan, jamás podrán desplazar a Shakespeare de ese lugar. La eminencia canónica de Shakespeare ha sido y es fuente de ansiedad, angustia y desesperación para todos los autores que le sucedieron. El primero, quizá, fue Milton, y tras él, toda la literatura inglesa. En nuestro siglo, quienes se decidieron a dar batalla y medirse mano a mano con el peso pesado del canon fueron un dublinés y un vienés: James Joyce y Sigmund Freud.

Que Shakespeare sea la influencia decisiva sobre todos los escritores posteriores no quiere decir que éstos puedan medirse con él directamente, que puedan recibir su influencia sin mediaciones. Beckett, por ejemplo, debe sobrevivir en primer lugar a la influencia de Joyce; y solamente a través de Joyce puede Beckett llegar a Shakespeare. Una vez que ha conseguido asimilar y neutralizar la influencia de Joyce, Beckett puede escribir, en *Endgame* (*Final de partida)* su versión y revisión de *Hamlet:* una versión de Hamlet que es la quintaesencia beckettiana y tiene poco o nada de joyceana. Anthony Burgess, en cambio, nunca consigue sobreponerse a la angustia de la influencia de Joyce, y por eso su novela sobre Shakespeare, *Nothing like the Sun,* sólo podía ser una extensión y un desarrollo de las tesis joyceanas sobre Shakespeare contenidas en el capítulo 9 del *Ulises.*

Las tres dimensiones de Shakespeare. Sólo los escritores más fuertes pueden enfrentarse a Shakespeare directamente, y aun así, generalmente lo toman en alguna de sus dimensiones, no en todas a la vez. Agudeza cognitiva, energía lingüística y poder de invención fueron las virtudes destacadas por Bloom. Freud se concentra en la primera, Joyce en la segunda. En cuanto al poder de invención, o la capacidad de poblar un mundo con una vastedad de personajes diferentes y diferenciados, quizá Faulkner sea el escritor del siglo XX que más se acerca a Shakespeare, pero Bloom, que lo menciona junto a Hemingway y Scott Fitzgerald como uno de los tres escritores estadounidenses más distinguidos de la Edad Caótica, se abstiene en *El canon* de trazar esa relación. Joyce rivaliza con el poder de invención shakespeariano de manera acotada: no intenta crear una galería de personajes tan variada como la de su precursor, pero sí se lanza a crear *un* personaje que sea tan variado y multifacético como el Hamlet de Shakespeare: Leopold Bloom de *Ulises*.

Freud contra Shakespeare

Una lectura shakesperiana de Freud. Uno de los recursos propagandísticos del primer psicoanálisis fue el de proponer lecturas «definitivas» de algunos grandes clásicos de la literatura universal: La Biblia, *Edipo rey,* las tragedias de Shakespeare, las novelas de Dostoievski. El «descubrimiento» de la dimensión inconsciente de la psiquis y del complejo de Edipo iba a permitir, por fin, dar repuestas definitivas a algunos de los grandes interrogantes del alma humana que la literatura había resuelto sólo a medias. Como ejemplo podemos tomar unas palabras de Freud a propósito de *Hamlet* incluidas en *La interpretación de los sueños:* «Vemos, desde luego, que la obra se halla basada en la vacilación de Hamlet, pero el texto no nos revela los motivos o razones de tal indecisión, y las más diversas tentativas de interpretación no han conseguido aún indicárnoslas... ¿Qué es, por tanto, lo que le paraliza en la ejecución de la empresa que el espectro de su padre le ha encomendado? Precisamente el especial carácter de dicha misión. Hamlet puede llevarlo todo a cabo, salvo la venganza contra el hombre que ha usurpado, en el trono y en el lecho conyugal, el puesto de su padre, o sea contra aquel que le muestra la realización de sus deseos infantiles. El odio que había de impulsarle a la venganza queda sustituido en él por reproches contra sí mismo y escrúpulos de conciencia que le muestran incurso en los mismos delitos que está llamado a castigar en el rey Claudio. De estas consideraciones, con las que no hemos hecho sino traducir a lo consciente lo que en el alma del protagonista tiene que permanecer inconsciente, deduciremos que lo que en Hamlet hemos de ver es un histérico...»[5]. Años después, en un esbozo para un ensayo que se llamaría «Personajes psicopáticos en el teatro», un Freud ya consagrado agregaría, en un revelador arranque de inmodestia, «el conflicto de *Hamlet* se encuentra tan profundamente oculto que tuve que ser yo quien lo descubriera».

¿Qué está en juego en un análisis como éste? No sólo la ambición de derrotar a la crítica literaria en su propio terreno, corporizada en un Freud que deja que los críticos se maten durante siglos para al final entrar al ruedo y con cierta displicencia poner manos a la obra mientras se queja, «al final yo siempre termino ocupándome de todo». También manifiesta Freud la ambición de ver lo que el propio Shakespeare no pudo ver llevar la luz de la conciencia a lo que el autor apenas pudo percibir oscuramente. Pues Freud no dice estar descubriendo las claves de un artificio, de un enigma que Shakespeare construye conscientemente y luego propone a sus lectores, sino que está ordenando y desenredando la maraña que Shakespeare apenas pudo *volcar* sobre la página. No está siguiendo los pasos de un vate sino mostrándole el camino como quien lleva a un ciego de la mano, leyendo, en última instancia, *su mente* a través de ese síntoma que es su obra.

---

5   Traducción de Luis López-Ballesteros y de Torres.

Nuevamente, en *La interpretación de los sueños:* «La vida aní-mica de Hamlet no es otra que la del propio Shakespeare.»

Si Shakespeare había sido hasta ese momento el intérprete más completo y perceptivo del alma humana, Freud, al pe-netrar la mente de Shakespeare, se apropia de sus victorias y lo supera. Y si Shakespeare es el escritor más grande de todos los tiempos, resumen y símbolo del canon occidental, la vic-toria de Freud sobre Shakespeare es a la vez la victoria del psi-coanálisis sobre la literatura, de la ciencia sobre el arte. «Has-ta aquí hemos llegado chicos, lo vuestro ha estado bastante bien dadas las circunstancias, pero a partir de ahora dejad que nos ocupemos nosotros», es la frase que el adolescente psico-análisis parece dirigirle a varios milenios de sabiduría literaria.

Lo que está en juego, finalmente, es qué arte o disciplina nos va a ofrecer una lectura total del alma humana. Hasta fi-nales del siglo XIX ese privilegio le tocaba únicamente a la li-teratura. Entonces aparece el psicoanálisis para disputarle el lugar. Stephen Dedalus, en un capítulo del *Ulises* que no por casualidad es el que trata sobre Shakespeare, dice, refiriéndo-se al psicoanálisis: «¿Ah, sí? ¿Quieren quitarme a mí, a no-sotros, la palma de la belleza?» A principios del siglo XX, la formidable autoconfianza del psicoanálisis daba la batalla por decidida: la literatura había sido un largo trabajo de tanteo, ensayo y error, en la duda y oscuridad: las *intuiciones* (genia-les, sin duda, quién va a negárselo) de Shakespeare fueron apenas una preparación o precalentamiento para los lumino-sos y articulados *descubrimientos* de Freud. Los lectores pos-freudianos de Shakespeare suelen prorrumpir en exclamaciones del tipo «¿Cómo pudo alguien hace tantos años presentir estas verdades que nuestro siglo ha dado a la luz?», o «¡Y todo esto lo vio sin haber leído a Freud!» En ellas, bajo el tono admirativo, se oculta una condescendencia de base: la idea de que la ciencia se ocupa de verdades demostradas mientras que el arte trafica con quimeras y verdades aproximadas, que el arte inventa y la ciencia descubre.

El error consiste en aceptar las «verdades» del psicoanálisis como verdades empíricas. Hay una radical diferencia entre «anticipar» la redondez de la Tierra —un hecho empírico comprobable— y «anticipar» el Edipo o el inconsciente, que no son sino metáforas o tropos, tan válidos —ni más, ni menos— como los de los otros poetas fuertes que precedieron a Freud. Shakespeare no anticipa a Freud, sino que Freud es el efebo que realiza sobre Shakespeare el cociente revisionista que implica transformar al padre en hijo, a Shakespeare en una mera figura de Freud, como Isaac o Elías fueron para la interpretación medieval «figuras» de Jesús.

Freud es un poeta fuerte, y su revisión de Shakespeare es una mala lectura tan fuerte que por algún tiempo logró convencer a varios lectores. Pero el mismo Freud nunca estuvo del todo convencido. En el fondo, seguía anonadado por la eminencia del precursor, por el poder de su obra, y esto le llevó a frecuentar las absurdas teorías según las cuales las obras de Shakespeare no fueron escritas por Shakespeare (lo que en la crítica shakespeariana suele llamarse la «cuestión de la autoría»). En particular, abrazó las tesis desarrolladas en el libro *Shakespeare identificado* (1921), de Thomas Looney, quien sostenía que el autor de las obras y poemas «falsamente» atribuidos a Shakespeare era Edward de Vere, conde de Oxford.

¿Cuál es la diferencia, puede uno preguntarse, si sólo cambiamos un nombre por otro? Si las obras son las mismas, ¿qué hay en el nombre Edward de Vere para que asuste menos a Freud que el de William Shakespeare? El conde de Oxford era un gran aristócrata, como muchos de los personajes de las tragedias y obras históricas de Shakespeare (las comedias no preocupan tanto a Freud: el joven actor oriundo de Stratford podía quedárselas). Oxford tenía tres hijas: el rey Lear. Oxford perdió a su padre de pequeño y se distanció de su madre: Hamlet. Freud pone por escrito sus ideas en una carta a Arnold Zweig: «Al parecer él [Shakespeare] no tiene nada que justifique su autoría, mientras que Oxford lo tiene casi todo. *Es bastante inconcebible que a Shakespeare le llegara todo de segunda mano:* la neurosis de Hamlet, la locura de Lear, el carácter desafiante de Macbeth y el carácter de lady Macbeth, los celos de Otelo. Casi me irrita que apoye usted esa idea» (2 de abril de 1937, el subrayado es mío). Es decir, Freud quiere que las grandes tragedias sean obras autobiográficas: Oxford sufrió la neurosis de Hamlet, la locura de Lear, los celos de Otelo y poseía el carácter desafiante de Macbeth. Si Oxford escribió las tragedias lo hizo a ciegas, compulsivamente, como un paciente que a través de los siglos le hablara al doctor Freud desde el diván. En cambio, si las escribió Shakespeare, como no estaba escribiendo desde su experiencia, no era su inconsciente el que hablaba: Shakespeare era tan consciente de lo que hacía como el propio Freud. Si el autor es De Vere, las obras son un síntoma, y Freud, analista de De Vere, es el verdadero autor de su sentido. Si el autor es Shakespeare, las obras son análisis, y Freud es un mero discípulo que repite la lección del maestro.

La verdad, afirma Bloom, es que Freud no es otra cosa que Shakespeare en prosa, y la visión freudiana de la psicología humana se deriva de la shakespeariana. Freud, señala Bloom, fue la gran inteligencia de nuestra época, como Montaigne lo fue de la suya. Pero Shakespeare fue la gran inteligencia de todas las épocas. Shakespeare fue el inventor del psicoanálisis, Freud su codificador.

El psicoanálisis freudiano proscribe el autoanálisis: cada psicoanalista, para ser capaz de analizar a otros, debe ser analizado antes por otro anterior. Pero entonces, por lógica, debe haber un primer analista que se analice a sí mismo. Freud se coloca en ese lugar, pero al hacerlo, señala Bloom, está reprimiendo la figura de su analista precursor, que no es otro que Hamlet, inventor del autoanálisis tal como se ha practicado en Occidente durante los últimos cuatro siglos. Shakespeare, según Bloom, inventó una nueva dimensión de lo humano: el cambio que proviene de escucharse a uno mismo (*self overhearing*), algo que apenas está esbozado en Chaucer y que a partir de Shakespeare se vuelve la modalidad del cambio humano por excelencia. Freud convierte esta iluminación repentina (el momento en que alguien se da cuenta de lo que dijo y por eso sabe quién es, o en quién se convertirá) en método práctico, o según Bloom: «Cuando los personajes de Shakespeare cambian, o se obligan a cambiar a base de oírse hablar, profetizan la situación psicoanalítica en la que los pacientes se ven obligados a oírse a sí mismos en el contexto de la transferencia a su analista.»

Podemos usar las propias premisas del psicoanálisis para comprender la actitud de Freud hacia Shakespeare. Un sentimiento reprimido suele manifestarse en la conducta como una inversión: por ejemplo, la sensación de debilidad o impotencia suele generar conductas arrogantes y omnipotentes. Bloom ve a Freud como un autor literario, y lo que está en juego aquí es, nuevamente, un *agon* o batalla entre un precursor fuerte y su efebo. La arrogancia freudiana y de gran parte del psicoanálisis posterior hacia Shakespeare (que es lo mismo que decir, hacia la literatura) es su manera de responder ante la angustia de las influencias. El *clinamen* o desvío era el primer cociente revisionista, el modo general de lidiar con la angustia de las influencias. Uno de los desvíos posibles es el desplazamiento hacia los límites o incluso fuera de la literatura. Se ha dicho que la abrumadora influencia de Goethe tuvo como consecuencia que durante el siglo XIX los principales escritores alemanes fueran filósofos y no novelistas, dramaturgos o poetas: Hegel, Schelling, Schopenhauer, Feuerbach, Marx y Nietzsche. De manera similar, Freud consigue, con el desvío hacia la ciencia, asimilar la influencia de Shakespeare. Freud, leído desde Shakespeare, es mucho más inteligible que Shakespeare leído desde Freud, de la misma manera que Lacan agrega poco o nada a la lectura de Joyce, mientras que la lectura de Joyce es lo único que puede dar algún sentido a la obra incoherente de Lacan. Cien años después de su invención, el psicoanálisis, como institución y terapia, está en decadencia, mientras que Freud, como ensayista y escritor, sigue vigente, y sobrevivirá a la muerte de la institución psicoanalítica.

Joyce contra Shakespeare

Hamlet o Ulises. James Joyce utiliza dos procedimientos fundamentales para señalar su lugar en el canon y designar a sus padres o precursores: el paralelismo estructural y la cita y/o alusión. El primero establece la filiación de su novela *Ulises* con la primera obra moderna de la literatura occidental: la *Odisea,* de Homero. Los personajes de *Ulises* corresponden a los del poema homérico: Leopold Bloom es Odiseo, Stephen Dedalus es Telémaco, Molly Bloom es Penélope, etc. Y el título de cada capítulo del *Ulises* señala su parentesco con algún episodio de la *Odisea:* «Telémaco», «Néstor», «Proteo», «Calipso» y así hasta el capítulo final, «Penélope». El segundo procedimiento lo utiliza para señalar sus deudas con *La divina comedia,* de Dante, y sobre todo con *Hamlet,* de Shakespeare. Así, *Ulises* se construye a partir de un triple sistema de remisiones estructurales y estilísticas: a Homero, a Dante y a Shakespeare.

Pero es con Shakespeare, con el gran precursor *en su propia lengua,* con quien Joyce debe medirse. Frank Budgen, crítico y amigo personal de Joyce, nos dice en su *James Joyce y la redacción del «Ulises»,* que «Shakespeare el hombre, el señor del lenguaje, el creador de personas, interesaba más [a Joyce] que el autor de obras de teatro».

El señor del lenguaje. Un gran escritor, se suele decir, agota las posibilidades de un determinado estado de lengua, y para que otro gran escritor pueda aparecer deben pasar muchos años, debe iniciarse otro período en la historia de la lengua: la lengua debe cambiar, debe convertirse en otra. Shakespeare en su obra hace todo lo que se puede hacer con el inglés de su tiempo y Joyce lleva a cabo en su *Ulises* la tarea de hacer todo lo que se podía hacer con el inglés del siglo XX, y en *Finnegans Wake* intenta ir más allá del inglés, escribiendo en una lengua inventada en la que se mezclan palabras de muchas lenguas y se combinan con el sustrato lingüístico del inglés. De hecho, *Finnegans Wake* no sólo va más allá de la lengua inglesa; va más allá del lenguaje, ya que al no respetar los límites entre palabra y palabra (en las *mots-valise* o *portmanteau words)* está rompiendo con las reglas de todos los lenguajes humanos conocidos. Según Bloom, esta empresa cobra sentido si la pensamos como la manera en que Joyce se enfrenta a Shakespeare para hacerse un lugar en el canon. Para igualar la riqueza lingüística de Shakespeare, Joyce escribe una novela, *Ulises,* en la que se contienen todos los estilos de la lengua inglesa, pasados y presentes. Para intentar superarla escribe otra novela, *Finnegans Wake,* en una lengua del futuro que es también una no lengua. El coste, en el segundo caso, es altísimo: Joyce escribe una novela monumental, vasta, pero prácticamente ilegible. Si algo envidia Joyce a Shakespeare, señala Bloom, es su público: a Shakespeare, aun al más difícil, lo apreciaban y entendían todos los sectores de la sociedad, no sólo los cultos y letrados. En cambio, el *Ulises* de Joyce es difícil aun para los lectores más cultos y entrenados, y *Finnegans Wake* es apenas legible para el especialista que le dedique años de estudio.

El autor de sus días. El capítulo 9 de *Ulises*, «Escila y Caribdis», está íntegramente dedicado a Shakespeare. En él, Stephen Dedalus desarrolla una teoría que vincula la obra de Shakespeare, *Hamlet* en particular, con una biografía imaginaria del autor. Shakespeare, tantas veces identificado con su héroe Hamlet, aparece en la obra como Hamlet padre, el fantasma; el príncipe corresponde a Hamnet, hijo de Shakespeare muerto a los once años; la pecaminosa reina madre, Gertrudis, corresponde a Anne Hathaway, la esposa de Shakespeare; y el rey Claudio a Richard y Edmund, los hermanos del autor con los que su esposa habría mantenido relaciones durante los veinte años de ausencia de éste de Londres. La intención de Stephen es menos la de escribir un culebrón isabelino que la de desarrollar una metafísica de la creación estética. En ella, el autor es el padre de la obra y, como tal, entra en ella en calidad de fantasma, revelándose plenamente sólo a través de su hijo o personaje Hamlet. De manera análoga, Dios no pudo manifestarse a sus criaturas y entrar en su mundo sino como Espíritu Santo (que en inglés se dice *Holy Ghost* o fantasma), y no es directamente, sino como su hijo Jesús, como puede manifestarse ante sus criaturas.

Joyce relaciona así la creación divina del mundo, la creación estética de la obra y la creación paterna de la vida: las tres no son sino distintas manifestaciones de un mismo proceso. Y así como Dios es uno con su hijo y su «fantasma» (en la Santísima Trinidad), el padre es a la vez el padre de todas las generaciones que lo seguirán y de *las que lo han precedido,* y un gran autor es, además de autor de sí mismo y de su propia imagen, padre de todos los autores siguientes y precedentes. Shakespeare lo fue en su momento, y Joyce lo es ahora: la metafísica de la paternidad/autoría desarrollada por Joyce le permite a la vez ser padre de sí mismo (es decir, ya no mero hijo de Shakespeare), o ir más lejos y ser padre de su padre, el más genial autor de la lengua.

Joyce cree así haber logrado emular o quizá superar la inventiva lingüística de su gran precursor, y sobrepasar lo que Bloom llama «el gran cansancio de haber llegado demasiado tarde». Quizá no se trate más que de una ilusión, pero es una ilusión que le ha permitido a Joyce escribir su obra, una de las más decisivas del siglo XX o Edad Caótica. Lo que ciertamente ha logrado es una lectura fuerte tanto de la obra de Shakespeare como de la figura del autor, mucho más decisiva que la de Freud; hoy es casi imposible pensar la relación entre Shakespeare autor y su obra ignorando el capítulo 9 del *Ulises,* mientras que la hipótesis «oxfordiana» de Freud ha caído en el más piadoso de los olvidos.

Shakespeare, personaje de Joyce. Pero a Joyce le queda un as en la manga: rivalizar con Shakespeare en aquello que Harold Bloom considera su virtud decisiva: la invención de personajes. Joyce sabe que en términos de variedad Shakespeare es insuperable. Cuando Frank Budgen le hace la inevitable

Shakespeare y no de mí, pero estoy seguro de que las obras me leen a mí mejor de lo que yo las leo... Unos impulsos que no podemos dominar nos viven, y unas obras que no podemos resistir nos leen. Tenemos que ejercitarnos y leer a Shakespeare tan tenazmente como podamos, sabiendo a la vez que sus obras nos leerán más enérgicamente aún. Nos leen definitivamente.»

pregunta de qué libro se llevaría a una isla desierta, Joyce responde: «Dudaría entre Dante y Shakespeare, pero no por mucho tiempo. La obra del inglés es más rica y se llevaría mi voto.» Eliminada la alternativa de la diversificación (como señala un personaje del *Ulises,* citando a Alejandro Dumas padre: «Después de Dios, Shakespeare es quien más ha creado», la estrategia de Joyce se dirige a la condensación: intentará crear el personaje más completo de la literatura en Leopold Bloom, protagonista del *Ulises.* Leopold Bloom debe rivalizar así con Hamlet y sir John Falstaff, las más acabadas y completas representaciones de lo humano en Shakespeare. Lo que Joyce termina haciendo, señala Harold Bloom, es basar su Leopold Bloom —«Poldy»— en el mismo Shakespeare. «¿Qué podemos encontrar en Poldy que sea shakespeariano?», pregunta Harold Bloom. «Sospecho que la respuesta debe de tener algo que ver con la completa representación de la personalidad que hace Joyce... Se crea o no que Shakespeare puso un espejo delante de la naturaleza, nos será difícil encontrar un retrato más rico del hombre natural que el que Joyce nos ofrece de Poldy. Podemos considerarlo un juicio excéntrico por parte de Joyce, pero al parecer su arquetipo del hombre natural era Shakespeare, un Shakespeare joyceano, por supuesto... Lo que cuenta del señor Bloom, debido a su riqueza como personaje, es tanto su *ethos* o carácter como su *pathos* o personalidad, o incluso su *logos* o pensamiento, aunque éste tienda a lo divinamente ordinario. Lo que no es ordinario en Poldy es la riqueza de su conciencia, su capacidad para transmutar sus sentimientos y sensaciones en imágenes.

Y ahí, creo, llegamos a lo fundamental: Poldy posee una interioridad shakespeariana que se manifiesta con mucha más profundidad que la vida interior de Stephen, Molly o cualquier otro en la novela. Las heroínas de Jane Austen, George Eliot y Henry James son sensibilidades sociales más refinadas que Poldy, pero ni siquiera ellas pueden competir con su interioridad. Nada se pierde en él, aun cuando sus reacciones a lo que percibe puedan ser vulgares... Idiosincrásico, animoso, sereno e infinitamente amable, aunque masoquista incluso en su curiosidad, Poldy parece la versión que Joyce nos ofrece no ya de ningún personaje shakespeariano, sino del propio —y fantasmal— Shakespeare, al mismo tiempo todos y nadie, un Shakespeare quizá un tanto borgiano. No se trata, naturalmente, de Shakespeare el poeta, sino de Shakespeare el ciudadano, vagando por Londres al igual que Poldy vaga por Dublín.»

En el capítulo 14 del *Ulises* Joyce lleva a cabo la magna empresa de convertir a toda la literatura inglesa (e irlandesa) en precursora suya: imita uno a uno los estilos predominantes de la prosa inglesa, desde los anónimos anglosajones hasta Dickens y Carlyle, y concluye con el estilo del siglo XX, una mezcla de dialectos coloquiales y de medios escritos masivos que anticipa los radicales experimentos de su *Finnegans Wake*. Pero Joyce no se mete con Shakespeare, no intenta imitar su estilo. Si bien es verdad que tampoco incluye a los otros dramaturgos y poetas de la tradición, la obra en prosa de algunos de ellos, como Milton, figura en la imitación joyceana. Y Shakespeare también tiene su prosa, que según Bloom es la mejor prosa literaria de la lengua inglesa, evidente sobre todo en todas las escenas «bajas» o de taberna —es decir, las escenas falstaffianas— de *Enrique IV*. ¿Por qué Joyce excluye a Shakespeare de su catálogo? El *tour de force* joyceano es un ejercicio de virtuosismo: yo puedo escribir tan bien como cualquier escritor de la tradición, está afirmando Joyce. Al imitarlos me apropio de ellos, los contengo: toda esta literatura me pertenece. Cabe preguntarse entonces si la negativa a imitar a Shakespeare puede deberse al temor de que, en lugar de absorber a su precursor, Joyce terminará absorbido, es decir, avergonzado por él.

La profesada animosidad de Harold Bloom a toda lectura que huela siquiera remotamente a los postulados de la escuela del resentimiento le lleva a dejar de lado, en su análisis del *agon* de Joyce con Shakespeare, el origen irlandés de Joyce, y el carácter irlandés de su obra. Hasta cierto punto, resulta inevitable: leída desde la literatura inglesa, estadounidense, española, francesa o alemana, la obra de Joyce es inglesa o universal; pero leída desde la literatura irlandesa, latinoamericana o africana es marcadamente irlandesa y colonial. Como señalan sobre todo los ineludibles estudios del crítico y narrador irlandés Seamus Deane, lo que está en juego en la insensata empresa joyceana es el propósito no ya de independizar a Irlanda de ocho siglos de dominio material y cultural inglés (Irlanda es una colonia inglesa cuando Joyce escribe el *Ulises*), sino de ir más allá e *invertir* en el campo de la cultura la relación colonial: con Joyce, la literatura inglesa se convierte en una rama de la literatura irlandesa; con Joyce, los escritores ingleses dejan de ser los dueños de la lengua, y quienes quieran sobrevivir deben aprender la lengua de un súbdito colonial: el propio Joyce. Como la literatura y la lengua inglesa se basan en Shakespeare, arrebatarle Shakespeare a los ingleses se convierte, también, en un acto político de reposesión colonial. Ya en el capítulo 1 del *Ulises* Joyce nos presenta a Haines, un inglés que ha venido a estudiar a los nativos irlandeses, para quien *Hamlet* no es más que *a wonderful tale* (un cuento maravilloso). Cuando Stephen Dedalus expone sus teorías sobre Shakespeare, Haines se ausenta: la cultura inglesa no sólo no es capaz de producir nuevas lecturas fuertes sino que ya no es digna ni siquiera de *escuchar* las nuevas lecturas fuertes de su gran poema. La reticencia de Bloom a considerar toda hipótesis de lectura que lleve el *agon* entre efebo y precursor fuera de lo estrictamente personal y psicológico, hacia lo político y social, lo lleva a ignorar lecturas que lejos de ser antitéticas de la suya pueden verse como complementarias, permitiendo extender su alcance y variar sus a veces previsibles conclusiones.

CAPÍTULO 7

Shakespeare *superstar*

Un autor sin influencias

Shakespeare: la invención de lo humano es, de alguna manera, una secuela de *El canon occidental*. En éste, Bloom igualó a Shakespeare con el canon sin más. Si la estrategia discursiva de *El canon* era extensiva —dar un panorama de *toda* la literatura occidental— aquí será intensiva: dar cuenta de toda esa tradición a través de *un* autor, el que mejor la representa.

Lo mejor de su *Shakespeare* es el análisis pormenorizado de cada una de las 38 obras que componen el canon dramático shakespeariano (Bloom deja fuera los sonetos y los poemas como *Venus y Adonis* y *La violación de Lucrecia*). Aquí, empero, apenas tenemos lugar para presentar las tesis centrales del libro.

La tradición de la crítica shakespeariana en lengua inglesa ha dado lugar a la formación de un exclusivo canon de críticos shakesperianos: Samuel Johnson, Coleridge, Hazlitt, Bradley, Harold Goddard, Dover Wilson, Granville-Barker, Tillyard y Wilson Knight entre los más importantes. Harold Bloom se define como crítico shakespeariano a partir de esta tradición, y su vasto volumen encarna su intento de sumar su nombre a esa prestigiosa compañía.

Su estudio, si bien extenso, se centra en *uno* de los aspectos del teatro de Shakespeare: no tanto en el lenguaje, la poesía, o la construcción dramática como en la creación de personajes. La tesis central del libro, su tarjeta de presentación, está expresada en el título: las obras de Shakespeare han *inventado lo humano* tal como lo conocemos.

Basta de angustia. Elegir a Shakespeare como su objeto de estudio le permite a Bloom salirse por una vez de lo que algunos críticos consideran su caballo de batalla y otros una peligrosa monomanía: la angustia de las influencias. Como Shakespeare es el gran original de la literatura, angustiante para todos y angustiado por nadie, la lectura de Shakespeare puede tener lugar fuera de la dinámica del *agon* literario. Shakespeare, como ya hemos visto, no fue totalmente inmune a la angustia de las influencias, pero su precursor, Marlowe, era más débil que él, y su presencia apenas sirve para definir alguna de las obras iniciales de Shakespeare: *Tito Andrónico, Ricardo III* y *Ricardo II,* y para caracterizar aspectos parciales de obras posteriores como *El mercader de Venecia* y *La tempestad.* Así, el estudio de Shakespeare no necesita transcurrir en el terreno de las relaciones intertextuales, y una de las más famosas fórmulas de Bloom, «el significado de un poema es siempre otro poema», deja de ser útil para leerlo.

¿Con qué cotejar entonces a Shakespeare si no es con otros textos, con otros autores? Con el mundo. Con la realidad. Con la naturaleza. Con nosotros. En *Shakespeare: la invención de lo humano* Bloom plantea un nuevo tipo de correlación: entre la creación y la literatura, entre el mundo real y una representación que amenaza eclipsarlo en riqueza y variedad, entre Dios y un autor humano. El gran precursor de Shakespeare, finalmente, parece no ser otro que Dios. Shakespeare, sin embargo (como autor literario al menos), termina superándolo: sus personajes definen nuestra personalidad más aun que los de la Biblia. Como dice Bloom: «A partir de *Hamlet*, Shakespeare compite únicamente consigo mismo.»

La invención de lo humano

Invención o descubrimiento. Por esto es por lo que Bloom utiliza la palabra «invención» en lugar de las más previsibles «representación» o «descubrimiento». Shakespeare no *copia* lo humano, lo *crea*. Shakespeare pone en escena formas de conciencia que no habitaban la realidad, y que empiezan a habitarla después, a partir de sus obras. No es que los personajes de Shakespeare sean válidos porque se parezcan a las personas de carne y hueso: son las personas de carne y hueso las que adquieren sentido al parecerse a los personajes de Shakespeare. «La vida», afirma uno de los maestros de Bloom, Oscar Wilde, «copia al arte». Desde el Renacimiento hasta nuestros días, la imagen de lo que es un ser humano ha sido, sustancialmente, la misma: esa imagen ha sido creada por Shakespeare y a partir de esa imagen modelamos la nuestra. Shakespeare no copia la realidad, sus personajes parecen actuales porque él definió lo humano no sólo en su actualidad sino también en su potencialidad: todo lo que hemos sido, somos y también podemos llegar a ser. Shakespeare completa el espectro, agota las posibilidades: la infinita riqueza y variedad de toda la historia posterior estaba ya prefigurada en su obra.

Es por eso que Shakespeare desafía a toda crítica reductiva: es imposible contener a Shakespeare por el sencillo motivo de que es él quien nos contiene a nosotros. «Nos lee mejor de lo que nosotros podemos leerlo», señala Bloom insistentemente. Los dramaturgos contemporáneos de Shakespeare quizá puedan explicarse en función del contexto de su época (las «energías sociales» del Renacimiento inglés, etc.). Shakespeare, en cambio, desafía toda contextualización.

Humano y más que humano. Todo esto se aplica a los personajes de Shakespeare en general, pero hay una serie que ocupa un lugar privilegiado: son personajes mayores que la obra que los contiene, que siempre demuestran que exceden a su función dramática, sugiriendo «potencialidades no utilizadas que la obra no requiere pero que aún poseen». Hablan un lenguaje propio y poseen una vida interior compleja, no reductible a la vida social de su contexto, del mundo exterior que los rodea. Son, por eso, conscientes de sí mismos y dados al monólogo introspectivo. Cuando estos personajes actúan de manera inesperada o contradictoria, nuestra sensación no es la de un fallo en el poder de representación del autor, sino en *nuestro* poder de comprensión: lo habíamos juzgado apresuradamente, no habíamos advertido su complejidad.

Nos sucede al hablar de ellos como si se tratara de personas reales, y de hecho Bloom afirma que estos personajes de Shakespeare son quienes mejor desmienten la tesis formalista de que un personaje literario no es, a fin de cuentas, más que una serie de palabras sobre la página.

Una primera serie arranca con Faulconbridge, el bastardo de *Rey Juan,* y continúa en Ricardo II, Julieta y Mercucio, Bottom (de *Sueño de una noche de verano*), Shylock y Porcia (de *El mercader de Venecia),* y culmina en sir John Falstaff. Luego siguen Hamlet, Rosalinda (de *Como gustéis),* Yago, Edmundo, Lear y Edgar (los tres, de *El rey Lear),* Macbeth y, finalmente, Cleopatra. Después de Cleopatra Shakespeare se aleja de esta exploración de la interioridad que constituye su legado (y por momentos, Bloom parece sugerir, maldición) a la cultura occidental: exploración que nos lleva a desarrollarnos y definirnos como personas en nuestra interioridad aislada, o conciencia, más que en la interacción con los demás, o conducta.

¿Hamlet o don Quijote?

Cambia, todo cambia. Lo esencial, para Bloom, en la representación shakespeariana de lo humano, es su representación del cambio. Los personajes plenamente humanos de Shakespeare cambian ante nuestros ojos, a lo largo de la obra. Lo específicamente shakespeariano es la modalidad del cambio, la manera en que se produce. Bloom lo repite una y otra vez: los personajes de Shakespeare cambian por escucharse a sí mismos (*self-overhearing*).

Interioridad y exterioridad. ¿Qué entiende Bloom por interioridad? Todos los seres humanos la poseemos, ya que nuestros actos están motivados por una serie de condicionamientos internos. Nuestra educación, nuestros traumas, nuestro inconsciente, hasta nuestro entrenamiento físico actúan sobre nosotros al interiorizarse: están dentro y motivan nuestros actos. Coriolano, por ejemplo, es una máquina de guerra, un *Terminator* de la antigüedad romana, pero ignora hasta qué punto ha sido su madre la que lo convirtió en eso que es y está en la base de sus actos y reacciones. Por eso, *Coriolano* puede ser la primera de las tragedias de Shakespeare en que el héroe carece de esta especial interioridad. Cuando Bloom habla de interioridad se refiere exclusivamente a la interioridad consciente, y más precisamente verbal: el pensamiento verbal es la base de nuestra interioridad o introspección, y por eso el monólogo es la forma privilegiada en que ésta se expresa en los personajes que la poseen. De manera análoga, en los personajes del *Ulises* de Joyce, los tres que manifiestan una interioridad shakespeariana, Poldy, Stephen y Molly, se expresan a través del monólogo interior, mientras que para los otros personajes «es suficiente» el diálogo y el narrador en tercera persona.

Harold Bloom, en su capítulo sobre Cervantes de *El canon occidental,* contrasta el método shakespeariano con el cervantino. Cuando don Quijote se escucha a sí mismo sólo escucha la eterna repetición de los esquemas de los libros de caballerías, y no es capaz de aprender de sus errores porque la respuesta es siempre la misma: no fue su culpa, no fue error, fueron los maliciosos encantadores que lo engañaron. Sancho, asimismo, sólo escucha al prestar atención a los ruidos en su cabeza, sus refranes y su pedestre sentido común. Los personajes de Cervantes cambian, sí, pero cambian *al escuchar hablar al otro:* si a lo largo de la novela don Quijote se «sanchifica» y Sancho se «quijotiza» es porque conversan sin parar: discutiendo, peleándose, burlándose pero cada vez absorbiendo las vivencias y los valores del otro, relativizando los propios, *escuchando* al otro. Los personajes de Shakespeare, en cambio, no saben escuchar a otro, sólo se escuchan a sí mismos. Cuando Marco Antonio está muriendo y quiere pronunciar sus últimas palabras, ruega a Cleopatra: «Dadme vino, y déjame hablar un poco», la escandalosa respuesta de la reina es: «No, déjame hablar a mí.» El príncipe Hal y Falstaff, cuya relación ofrece quizá la representación más acabada de la amistad que podemos hallar en Shakespeare, viven para burlarse el uno del otro: el resultado de cada conversación que mantienen es el de *confirmar* los propios puntos de vista en detrimento de los del otro. No es casual entonces que el permanente diálogo entre don Quijote y Sancho haya sido la imagen más duradera de la amistad de toda la literatura, mientras que el intercambio de monólogos ente Hal y Falstaff sea una imagen igualmente inolvidable de la amistad traicionada. Para bien o para mal, agrega Bloom, Occidente ha seguido el modelo de la interioridad shakespeariana antes que el de la exterioridad cervantina: la difusión del psicoanálisis, que ha convertido en método esta mala costumbre de hablar con uno mismo a través de un fantasmal otro que en realidad no existe como tal (lo que se llama transferencia) es un testimonio, entre tantos otros, de la persistencia del legado de Shakespeare. Todos los personajes plenamente humanos de Shakespeare son, según de Bloom, «artistas libres de sí mismos». Este solipsismo autosuficiente es la marca visible de su grandeza y también de su condena, es decir, de la de todos nosotros.

Cómo leer a Shakespeare. La única manera no reductiva de leer a Shakespeare sería entonces leerlo desde Shakespeare, y ésta es en última instancia la utopía que Bloom se propone: una lectura shakespeariana de Shakespeare. Sus obras, señala Bloom, se leen unas a otras, y también lo hacen sus personajes. Cotejar a sus personajes con los de otros autores es un ejercicio lleno de riesgos. A veces, Bloom señala que para leer a Shakespeare ha «recurrido a unos pocos personajes de otros autores, particularmente de Chaucer y Cervantes, pero salir de Shakespeare para captar mejor a Shakespeare es un procedimiento peligroso, incluso si se limita uno al puñado de escritores que no quedan destruidos al ser comparados con el creador de Falstaff y Hamlet». Ni las ciencias sociales, entonces, ni la crítica cultural, ni la crítica literaria tradicional, ni el resto de la literatura, ni la vida misma: el único contexto capaz de abarcar a Shakespeare es el mismo Shakespeare. «La naturaleza», cita Bloom a Oscar Wilde, «imita a Shakespeare tan bien como puede». O, como él mismo señala al final de su prólogo a *Shakespeare: la invención de lo humano:* «He luchado hasta el límite de mis capacidades para hablar de

Glosario

Agon: Lucha literaria, duelo que el poeta nuevo (o efebo) entabla con el poeta precursor.

Angustia de las influencias: Reacción del efebo ante la fuerza del precursor. Esa reacción es, siempre, un poema: el poema es la realización de la angustia de las influencias.

Buena lectura: Lectura fiel y respetuosa, que por tanto no puede introducir sentidos nuevos en el texto o realizar un poema nuevo u original. Bloom se complace aquí en invertir los sentidos habituales del término. Para él, la «buena lectura» es una lectura poco interesante, la que realizan los críticos débiles, los profesores de literatura, los lectores idealistas. Convierte así a la «buena lectura» en si-nónimo de lectura débil, y «mala lectura» en lectura fuerte.

Canon: Conjunto articulado de textos esenciales de una cultura, una lengua o una literatura nacional. Corpus normativo de textos.

Canónico: Virtud que determina la inclusión de un texto en el canon. Norma literaria abstraída a partir de los textos canónicos.

Canonización: Procedimiento por el cual un texto es incluido en el canon. Según Bloom, la canonización válida es aquella sancionada por los escritores fuertes de la posteridad.

Cociente revisionista: Relación entre un poema primero

o precursor y un poema segundo que revisa al (realiza una mala lectura del) primero. Bloom asocia los cocientes revisionistas a los mecanismos de defensa freudianos.

Dislectura: Mala lectura (en algunas traducciones al español).

Efebo: Joven escritor que recibe la influencia de un precursor. Según Bloom, el efebo, más que elegir al precursor, se «siente elegido» por él (como un profeta se «siente elegido» por Dios). Como la certidumbre de «ser elegido» pone en crisis su identidad y su sentido de la autodeterminación, el efebo necesita defenderse de la fuerza del precursor, y suele reprimir la conciencia de esta influencia. Así surgen los cocientes revisionistas como formas de leer la obra del precursor.

Escuela del resentimiento: Una categoría inventada por Bloom para englobar a sus adversarios críticos. Según sus propias palabras: «Se divide en seis ramas: feministas, marxistas, lacanianos, nuevos historicistas, deconstruccionistas y semióticos.»

Gran original: Idealmente, un escritor que no ha tenido precursores. En la práctica, se trata más bien de un escritor cuyos precursores nos son desconocidos (por ejemplo, Homero).

Interioridad: Autopercepción, vida psíquica consciente, generalmente manifestada a través del pensamiento verbal: monólogo interior de la convención literaria.

Lectura: Aplicada a los poetas, la lectura implica siempre escritura: un poema nuevo es siempre una «lectura de un poema anterior».

Lectura idealista: Lectura (escritura) que idealiza la figura del precursor, o idealiza la relación precursor-efebo. La lectura idealista ve la dinámica de la influencia literaria como un proceso benévolo en el que el efebo recibe la herencia del precursor sin riesgos para su integridad estética y sin tener que dar nada a cambio. La lectura idealista es una forma de lectura débil.

Lectura débil: Lectura de la obra del precursor que por su excesivo respeto y fidelidad no abre ningún espacio para un nuevo poema. Buena lectura.

Lectura fuerte: Un efebo se convierte en poeta fuerte haciendo una lectura fuerte del poema del precursor. La lectura fuerte implica realizar alguno de los cocientes revisionistas en la lectura del poema del precursor. La lectura fuerte es siempre una mala lectura.

Mala interpretación: Mala lectura (en el nivel semántico).

Mala lectura: Revisión del poema del precursor que permite al efebo escribir su propio poema sin repetir el poema padre. Lectura fuerte. Bloom valora positivamente la mala lectura, mientras que la «buena lectura» es para él una lectura poco interesante o débil.

Poema: Frecuentemente en Bloom, cualquier texto con valor literario, aunque originalmente no haya sido un texto literario. Por ejemplo, Bloom se refiere a los escritos de Sigmund Freud como el «poema» de Freud.

Poeta: Frecuentemente en Bloom, escritor en general.

Precursor: Escritor que traza el camino que deberán recorrer quienes quieran convertirse en escritores. Si bien el precursor suele estar muerto cuando ejerce su influencia, es el miembro activo de la relación. El efebo no lo elige sino que se «siente elegido» por él.

Rezagado: Tardío. A medida que las obras se acumulan, la tradición gana en peso y densidad y cada vez es más difícil ser original. Todo parece haber sido ya dicho por los precursores, y el efebo siente que está repitiendo sólo lo dicho por ellos. Cuanto más rezagado es un autor, más fuerte es la angustia de las influencias, y más urgente la necesidad de reprimirla mediante alguno de los cocientes revisionistas.

Tardío: Se dice del poema o poeta que ha entrado en una tradición literaria rica y antigua, donde los poemas o poetas precursores han acumulado un gran peso. El poema o poeta tardío suele verse abrumado por el peso de la tradición, y manifiesta de manera muy notable el efecto de la angustia de las influencias. Una literatura tardía es lo opuesto a una literatura joven.

Bibliografía de Harold Bloom

Hasta la fecha lleva publicados más de veinte títulos de crítica literaria y temas relacionados con ella. Entre los más importantes se cuentan:

1. *Shelley's Mythmaking* (1959).

2. *The Visionary Company* (1961). La editorial Adriana Hidalgo lo está traduciendo en volúmenes separados: ya han aparecido *La Compañía visionaria; Blake y La compañía visionaria; Lord Byron y Shelley*.

3. *Blake's Apocalypse* (1963).

4. *Yeats* (1970).

5. *The Ringers in the Tower: Studies in Romantic Tradition* (1971).

6. *The Anxiety of Influence* (1973). *La angustia de las influencias*, Monte Ávila, Caracas, 1977. Traducción de Francisco Rivera.

7. *Kabbalah and Criticism* (1975).

8. *A Map of Misreading* (1975).

9. *Poetry and Repression* (1976). *Poesía y represión*, Adriana Hidalgo, Buenos Aires, 2000. Traducción de Carlos Gamerro.

10. *Figures of Capable Imagination* (1976).

11. *Wallace Stevens: The Poems of Our Climate* (1977).

12. *The Flight to Lucifer: A Gnostic Fantasy* (1979).

13. *The Breaking of the Vessels* (1982).

14. *Agon: Towards a Theory of Revisionism* (1982).

15. *The Strong Light of the Canonical* (1987).

16. *Poetics of Influence* (1988).

17. *Ruin the Sacred Truths* (1989).

18. *The Book of J.* (1990, con David Rosenberg). *El Libro de J.* Ediciones Interzona, Barcelona, 1995. Traducción de Néstor Míguez y Marcelo Cohen.

19. *The American Religion* (1992).

20. *The Western Canon* (1994). *El canon occidental: la escuela y los libros de todas las épocas*, Editorial Anagrama, Barcelona, 1995. Traducción de Damián Alou.

21. *Omens of Millenium: The Gnosis of Angels, death and Resurrection* (1996). *Presagios del milenio: la gnosis de los ángeles, el milenio y la resurrección*, Editorial Anagrama, Barcelona, 1997.

22. *Shakespeare: the Invention of the Human* (1998). *Shakespeare: la invención de lo humano*, Editorial Norma, Bogotá, 2000. Traducción de Tomás Segovia.

23. *How to Read and Why* (2000). *Cómo leer y por qué,* Editorial Norma, Bogotá, 2000. Traducción de Marcelo Cohen.

24. *Genius: A Mosaic of One Hundred Exemplary Creative Minds* (2002).

Harold Bloom en Internet

www.yale.edu. Si bien no hay un sitio oficial de Harold Bloom en la red, la Universidad de Yale, donde se desarrolló la mayor parte de su carrera, ofrece la información académica básica en este sitio.

www.prelectur.stanford.edu/lecturers/bloom. El sitio de la Universidad de Stanford incluye un archivo de entrevistas, reseñas y extractos de la obra de Bloom.

«Harold Bloom» es un grupo de discusión de los escritos de Harold Bloom. Se puede contactar con él escribiendo a:

H-BLOOM-request@LISTSERV.AOL.COM_

Carlos Gamerro, nacido en Buenos Aires en 1962, es autor de las novelas *Las Islas, El sueño del señor juez* y *El secreto y las voces.* Ha traducido al español *Un mundo propio,* de Graham Greene; *Poesía y represión,* de Harold Bloom, y *Enrique VIII,* de William Shakespeare. Entre 1985 y 2002 fue sucesivamente profesor de semiología, lingüística y literatura contemporánea en la Universidad de Buenos Aires. Es autor de numerosos guiones cinematográficos (en colaboración con Rubén Mira) y colaborador habitual de los suplementos de cultura de los diarios *Clarín* y *Página 12.*